在上海，
品咖啡读好书

汪耀华　主编

上海三联书店

上海国际咖啡文化节——全城的咖啡盛事

◎ 刘海英（中共上海市委宣传部发改处处长）

　　上海国际咖啡文化周迄今已举办了四届，前三届名为"上海咖啡文化周"，从第四届开始升格为"上海国际咖啡文化周"。通过四年的努力和积累，上海国际咖啡文化周已成为上海全城的咖啡盛事，让"上海是全球咖啡馆最多的城市"这一概念广为人知，也让咖啡代表了上海这座城市特色品格的提法深入人心。

　　2020年，深圳文博会线上召开期间，有关领导提到咖啡馆众多是上海的特色，能否与文化更好地结合，更有一些显示度。按照领导的要求，经过讨论研究，我们筹划了上海咖啡文化周这一活动，来提升上海咖啡的影响力，进一步突出咖啡的文化元素。

　　2021年5月，上海咖啡文化周第一次举办，以"因为咖啡，所以上海"为主题，向市民、游客展示上海的特色城市文化。实事求是地说，虽然大家是咖啡馆的常客，但对这个行业的情况还是知之甚少。筹备阶段，通过第一财经的行业分析报告，我们对咖啡市场有了初步了解，又通过一财推荐认识了上海博华国际展览有限公司，他们每年有一个四十万平方规模的"上海国际酒店及餐饮业博览会"，咖啡是其中非常重要的一个板块。我们又走访了MANNER、M Stand、NOWWA等品牌企业，与美团、饿了么这些互联网平台展开合作，同时广泛发动系统内文化单位共同参与。第一届上海咖啡文化周，依托博华在国家会展中心举办的上海酒店及餐饮业博览会的场地和内容，在其中辟出一块区域举办了一个相对简单的开幕式，将他们的咖啡展览作为活动的一部分。始料未及的是，通过媒体的宣传，咖啡文化周在社会上取得了非常好的反响，大家对这个内容非常感兴趣，让我们树立了举办活动的信心。第二届咖啡文化周以"啡尝上海·不负热爱"为主题，增加了更多产业内容，开幕式放在了虹桥品汇。虹桥品汇作为咖啡豆的商贸中心，积极参与到了活动中。开幕式我们延续了第一届的咖啡产业报告，美团、饿了么发布了全国、上海咖啡的消费数据，开始将咖啡与慈善活动结合。闭幕的周末，我们在BFC外滩金融中心的枫泾步行街举办了两天的咖啡市集，虽然受预约人数限制，但现场依然人潮涌动，大家都非常喜欢这种市集和休闲社交方式。从第二届起，我们进行了年度咖啡行业领军人物评选和发布。受枫泾市集启发，第三届我们突出了市民的参与性，以"活力上海 梦想齐啡"为主题，将主活动和开幕式搬到了徐汇滨江，这是徐汇滨江堤岸第一次举办市集，徐汇区委宣传部做了大量的协调工作，但大家对在室外大空间搞这样的活动效果如何都还不太有底气。但最终的效果，再一次超出了预期。在开幕式上，有市领导看到如此热闹的场面，建议将活动改名为国际咖啡文化周。第四届我们和徐汇区再次合作，以"在上海 品世界 读好书"为主题，将开幕式时间改到了五一黄金周，依旧选址徐汇滨江，规模延长到1.5公里的沿江水岸、1.7万平方米滨水空间，恰逢吉宁书记提出文旅商体展融合的要求，我们增加了街舞、电影、电竞等更多文化元素，还有市体育局组织的小轮车、滑板、棋牌等众多体育活动的加持，现场成了一个可看可玩可消费的欢乐空间。活动期间，平均每天有近十万市民来到现场，逛市集、喝咖啡、看表演、遛宠物、休憩聊天，活动受到了市民由衷的喜爱。在市集上，我们为上海对口合作地区云南的特色咖啡设置了展台，我们还邀请了十几个产咖啡国家领事馆的领事或相关官员参加活动，他们看了后都纷纷要求参加下一年的市集活动。

通过短短的四年时间，上海国际咖啡文化周打响了品牌，成为了上海一张新的城市名片。能在这么短的时间取得如此广泛的影响力，离不开以下几个方面：

一是广泛的市场消费基础和众多的从业主体。正如每年发布的产业分析报告显示，上海人对咖啡有着独特的热爱，消费数量占据全国第一，而咖啡馆的数量占据全球城市第一。众多热爱咖啡的市民，各个品牌的连锁咖啡店、独立咖啡馆，都是国际咖啡文化周得以成功举办的广泛基础，市民喜欢这样的活动，咖啡从业者愿意参加这样的活动。在很多次的活动中，市民和从业者都分享了自己和咖啡的故事，分享了在这座城市成长、拼搏、创业的经历，让人们充分感受到上海是一座充满了活力和创造力的城市。

二是更多社会主体的参与和多业态的结合。在活动中，各类社会主体不断加入、积极参与，扩大了活动的知名度和影响力。如我们首先发动的是系统内的剧场、博物馆等文化单位；在上海市书刊发行行业协会的支持下，全市80家品牌实体书店一起参与活动，举办相关的主题书展、咖啡品鉴、咖啡技能竞赛等活动；上海历史博物馆借助优越的地理位置和环境，每年举办两次博物馆广场咖啡节，获得了非常好的效果；全市16个区结合各区特色，都举办了各种和咖啡有关的活动，如宝山与樱花节相结合，青浦与郊野乡村相结合，浦东依托原本就有的陆家嘴国际咖啡节做大规模等等，每个区都有自己的特色亮点；我们依托连锁咖啡品牌，举办"免费喝咖啡"活动；依托美团、饿了么平台，送出咖啡优惠券，举办咖啡下午茶活动，创出了平台咖啡销售的最高规模，此外，美团在咖啡文化周上完成了无人机送咖啡的首飞仪式。

三是市场化的办展方式和以赞助为主的资金来源。第一届咖啡文化周活动，我们几乎没有什么资金投入，主要依靠社会主体的支持，所有活动的策划执行也依靠部门同志的亲力亲为。第二届规模扩大后，我们开始有了少量的活动经费，但大部分工作也还是以部门同志的参与投入为主。第三届在徐汇滨江举办，随着活动规模的不断扩大，所需经费在不断提升，工作量也不断增加。通过我们反复的沟通协调和努力，建设银行上海分行给予了活动较高的赞助，并持续到了第四届，在资金上给了我们莫大的支持。同时，通过徐汇区、西岸集团和其他品牌商的支持，我们解决了活动的主要经费来源。另外，活动的具体承办者也转为了上海市文化创意产业促进会，它们的加入使活动的规模品质得以进一步提升。所以说，上海国际咖啡文化周，完全是以市场化方式举办的一项活动。

回顾这四年上海国际咖啡文化周走过的路，从对如何举办毫无概念到今天相对的得心应手，从初创活动品牌到今天咖啡节概念被广泛传播与认可，从较小规模到今天如此多品牌商家和市民的热情参与，我们衷心觉得，这是件蛮有意义蛮让人自豪的事情。

欣喜地阅读了汪耀华先生主编的《在上海，品咖啡读好书》，上海市书刊发行行业协会在李爽会长的带领下，全行业投入咖啡文化推广，是我们整个咖啡文化周（节）重要组成部分。现在将近两年的实操记录整理出版，对于咖啡文化的传播、图书销售行业的提增绩效都是有益的。

期待上海的书店＋咖啡做得更有味道。

2024年12月1日

目　录

2023：上海咖香，洋溢世界 | 上海书香，洋溢大地

2024：在上海　品世界　读好书

2023

上海咖香，洋溢世界
上海书香，洋溢大地

书店＋咖啡，新书店的标配

沪上80家书店亮相150项咖啡文化活动

○ 刘智慧

2023上海咖啡文化周"上海咖香，洋溢世界 | 上海书香，洋溢大地"系列活动暨"百年百款西式咖啡器皿特展"5月22日下午在上海香港三联书店（黄浦区淮海中路624号）举行。由此，上海80家品牌实体书店在2023上海咖啡文化周期间推出的150项营造浓厚的咖啡书香文化氛围，擦亮"咖啡城市名片"的系列活动同频呈现。

上海市书刊发行行业协会（以下简称"协会"）在市委宣传部的指导下，邀集的80家品牌实体书店包括光的空间、艺术书坊、大夏书店、中版书房、读者书店、建投书局等独立门店，也有上海新华传媒连锁旗下书店、世纪朵云旗下书店、西西弗、钟书阁、大隐书局、大众书局等上海本地和全国连锁书店。这些书店均分布在全市的主要商圈，是体现城市文化营商水准的空间。本次系列活动通过发布20＋咖啡新书单、设计发布个性化海报、咖啡主题书展、咖啡优惠、咖啡品鉴、咖啡师培训、咖啡技能竞赛、咖啡店等级评定等举措，以书传递咖啡知识，以活动带动书＋咖啡销售。

书店＋咖啡成为新型公共文化空间，千杯咖啡免费喝

目前，书店经营咖啡已经成为新书店的标配，是引流、传播知识、休闲阅读、销售图书的一个新空间，也是书店＋文创融合经营的新成果。近年新开的书店已经成为单位团建、社区讲座的优选地、市民喜爱的公共文化空间，通过图书销售空间与咖啡经营空间的融合、10多家书店开设的咖啡外卖业务等，使书店咖啡的经营业绩获得稳步提升。

协会在长三角咖啡行业协会、云南省咖啡行业协会的支持下，首度和云南保山合作推广品牌咖啡。

世界黄金咖啡带上，有闻名的摩卡咖啡、蓝山咖啡。这条黄金咖啡带的中段，有世界顶级的保山小粒咖啡。1993年，保山小粒咖啡在比利时布鲁塞尔第42届龙里卡博览会咖啡生豆评比大赛上，斩获"尤里卡"金奖；2010年，保山小粒咖啡被国家质检总局评定为国家地理标志产品。协会在今年咖啡文化周期间和云南保山咖啡品牌合作推广，通过20多家参展书店向读者赠送世界顶级的保山小粒咖啡1000杯。读者当日单次消费满80元（不含咖啡）即可获赠一杯。

推出20＋咖啡新书单，重点展陈和推广

"上海咖香，洋溢世界 | 上海书香，洋溢大地"活动推出20＋

咖啡新书单，参展的80家书店以此为基础，调配相关咖啡主题图书约20—100种进行重点展陈和推广。

通过前两届咖啡文化周咖啡主题图书的展陈，咖啡主题图书已经成为一些书店重点培育的类别之一，予以重点陈列和推广。

今年这份书单所推介的书大多是近两年出版的，囊括了从咖啡豆基本识别到萃取、冲泡、拉花、品鉴等一系列咖啡知识，结合书店＋咖啡的经营特点，推荐了《咖香书香在上海》《咖啡星人指南》《杯中的咖啡：一种浸透人类社会的嗜好品》等新书。其中，陈祖恩教授撰写的《上海咖啡：历史与风景》，以第一手资料，生动的文字，阐述20世纪20年代至40年代上海咖啡文化的多样性与包容性，既有西区咖啡的异国情调、静安寺路时尚咖啡，也有南京路商业圈和苏州河北岸的咖啡人文特色，还原了咖啡文化在上海的形形色色；《咖啡馆招牌饮品》介绍了35种手调基底制作及100种家庭饮料；《咖啡馆沙拉101》揭开了咖啡馆沙拉美味的秘密，介绍了沙拉的基本组合方式、若干种沙拉基础调味汁的配方、调制方法，拓展了咖啡文化。

百年百款西式咖啡器皿特展

"百年百款西式咖啡器皿特展"呈现的百款咖啡器皿以花式骨瓷为主，兼有描金、手绘。骨瓷于1794年由英国人发明，因在其黏土中加入牛、羊等骨粉而得名。展品由长三角咖啡行业协会会长丁山先生收藏。其中，很多知名品牌如英国皇室御用品牌、世界十大名瓷之一——Aynsley（安斯丽），精致瓷器、品位代名词——Wedgwood（韦奇伍德）以及Royal Albert（皇家阿尔伯特）、Royal Stafford（皇家斯坦福德）等，都是瓷器爱好者耳熟能详的品牌，也是首次集中亮相展示。

书店＋咖啡活动精彩纷呈，有优惠、有讲座、有体验

参展的80家书店策划的150种主题活动将陆续亮相，通过多种形式组合优惠，推介自身阅读品牌，使市民读者在"畅饮"的同时获得更多的惊喜。

优惠享不停。交大书院4种饮品进行买一赠一；读者·外滩旗舰店推出"啡"常优惠：购买读者·糖香水"咖啡醇"香型正装1瓶即赠价值36元读者咖啡1杯，"啡"常新品：购买"桃学薇隆"挂耳咖啡或读者书店咖啡饮品即赠《读者》杂志1本及"养乐哆哆"明信片1张，购买咖啡类图书即可领取读者·糖香水"咖啡醇"香型小样1支；钟书阁选定四款咖啡参与八折优惠活动；新华文创·光的空间购买饮品后在"咖啡图书展销区域"消费可获8折优惠；新华传媒连锁旗下的十家新华书店推出"新品雪克啤酒黄油拿铁第二杯半价"活动；百新书局的三家门店全场消费99元送10元咖啡券、消费66元送5元咖啡券；现代书店静安嘉里中心旗舰店推出主题图书打折促销（相关及推荐咖啡主题书籍88折）及咖啡优惠（热销单品咖啡88折）；二酉书店联合恒基旭辉天地为商场白领送咖啡；上海上生新所　茑屋书店在门店购买任意图书，即可享咖啡

及蛋糕7折优惠。

讲座体验多。二酉书店联合多家单位推出限定款咖啡、特调美式，在5月25日晚上举办"'大师手冲咖啡'体验课程"；新华文创·光的空间邀请知名咖啡讲师于5月26日进行手冲咖啡体验沙龙暨咖啡&阅读分享活动；读者·外滩旗舰店举办"啡一般的养宠"插画展，在5月27日开展现场手绘插画及手冲咖啡品鉴活动；艺术书坊5月28日推出"有点咖啡 有点艺术"咖啡特调品鉴体验沙龙活动，由业内多次获得饮品赛冠军的林文超带教制作两款咖啡特调饮品；交大书院联合交大农学院举办咖啡知识讲座。思南书局特别设计和研发了一款富有特色的咖啡饮品——"先唤醒我再灌醉我"，以冷萃咖啡为基础，加入咖啡利口酒，不仅强化了咖啡的浓郁风味，而且带来了独特的酒精感。

咖啡文化旅行。建投书局推出"传记咖啡馆·带上咖啡去旅行"活动，从中国上海的北外滩港口出发，通过海上航线探访全球四个咖啡产地（埃塞俄比亚、巴西、印度尼西亚、中国云南），在书籍和咖啡的香气中领略不同地域的咖啡文化。

推出咖啡技能竞赛、咖啡店等级评定

协会在活动期间同步推出咖啡技能竞赛、咖啡店等级评定等活动。咖啡技能竞赛包括咖啡手冲、拉花、美式等项目；咖啡店等级评定活动根据2022年8月发布的《上海市出版物发行行业咖啡服务标准》，首推由书店自荐、专业评审的咖啡店等级评定。

为规范并提升书店咖啡从业人员的水准而推出的行业咖啡师职业技能培训（中级班）也将同时举行。

"上海咖香，洋溢世界 | 上海书香，洋溢大地"活动，是一场新型消费节庆，以咖啡为支点，撬动消费热度，在拥有独特海派文化的上海，带领人们共赴一场"精神盛宴"。这不仅对个人是一种咖啡文化的普及和提高，对于书业咖啡经营者也是一次机遇，使书店＋咖啡通过上海咖啡文化周，在营造公共文化空间的进程中更加规正、更加引流、更加赋能。

参展书店名录（80家）

黄浦区

艺术书坊

上海香港三联书店

思南书局

思南书局·诗歌店

朵云书院·戏剧店

读者·外滩旗舰店

二酉书店

馨巢书屋

西西弗书店上海世茂国际广场店

西西弗书店上海凯德晶萃广场店

徐汇区

新华书店徐汇日月光店

钟书阁徐汇店

大众书局美罗店

百新书局正大乐城店

衡山·和集

立信书局

交大书院

BOOCUP浣熊唱片店

长宁区

上海书城长宁店

上海上生新所 茑屋书店

百新书局缤谷广场店

中版书房·长宁店

西西弗书店上海中山公园龙之梦店

静安区

现代书店静安嘉里中心旗舰店

作家书店

西西弗书店上海大悦城店

普陀区

大夏书店

西西弗书店上海月星环球港店

西西弗书店上海长风大悦城店

虹口区

1925书局

1927·鲁迅与内山纪念书局

大众书局曲阳店

建投书局·上海浦江店

西西弗书店上海虹口龙之梦店

西西弗书店上海北外滩来福士店

西西弗书店上海瑞虹天地太阳宫店

杨浦区

上海书城五角场店

大隐书局·创智天地店

大众书局合生店

悦悦书店

学悦风咏书社

复旦经世书局

宝山区

博林书店

读者·壹琳文化空间

西西弗书店上海经纬汇店

西西弗书店上海宝杨宝龙店

西西弗书店上海宝山万达广场店

闵行区

新华文创·光的空间

大众书局维璟店

西西弗书店上海七宝万科店

西西弗书店上海闵行天街店

西西弗书店上海万象城店

嘉定区

西西弗书店上海嘉定万达店

西西弗书店上海嘉定南翔印象城店

浦东新区

上海书城九六广场店

新华书店周浦万达店

朵云书院·旗舰店

大隐书局·前滩店

大隐湖畔书局

大众书局惠南店

大众书局世博源店

百新书局尚悦湾广场店

西西弗书店上海浦东嘉里城店

西西弗书店上海三林印象城店

西西弗书店上海晶耀前滩店

西西弗书店上海复地活力城店

西西弗书店上海正大广场店

西西弗书店上海华润时代广场店

西西弗书店上海金桥国际商业广场店

松江区

南村映雪文化书店

朵云书院·广富林店

钟书阁泰晤士店

钟书阁平高店

西西弗书店上海松江印象城店

金山区

大隐书局·金山张堰店

青浦区

天猫：悦悦图书旗舰店

奉贤区

江南书局·书的庭院

大隐书局·九棵树艺术书店

邃雅书局

西西弗书店上海奉贤南桥百联店

20+新书单

《咖啡星人指南》

[日]岩田亮子 著　浙江摄影出版社

2023年2月出版　52.00元

　　这本写给咖啡爱好者的咖啡入门扫盲指南，让你秒懂咖啡！从入门、进阶、品风味、知潮流、游四方5大主题入手，包含咖啡点单、选豆、磨豆、佐餐搭配，咖啡历史潮流、世界咖啡探店等内容，让你告别点单尴尬、喝懂咖啡，享受有咖啡的日子！

《咖啡之道》

[日]大坊胜次　[日]森光宗男 著　　新星出版社

2023年1月出版　　78.00元

　　这是投身咖啡世界四十载的两位日本咖啡师——大坊胜次与森光宗男的对谈集。收录了大坊咖啡店关店前后二人的三次长篇对谈，还有对大坊夫人、森光夫人的采访，并展示了"大坊咖啡店"与"咖啡美美"的常用器具。书中谈话紧紧围绕咖啡展开，从咖啡的产地、味道、烘焙技术、法兰绒滤泡法，到咖啡店的经营与待客之道无所不包，并且由此发散开去，令读者窥见二人围绕咖啡展开的数十载人生况味，传统职人的信念、美学和生活哲学。

《杯中的咖啡：一种浸透人类社会的嗜好品》

[德] 马丁·克里格 著　　社会科学文献出版社

2022年12月出版　88.00元

　　"喝咖啡"早已不是口腹之欲的享受，而是成了一种社会习俗。人们惯于相聚享受这种美味，并在轻松的氛围下心照不宣地尝试深入交流，拉近彼此间的距离。那么，咖啡究竟来自何方？其传播蔓延的历史时空对今天又具有何种意义？在这段逾500年的岁月里，您将穿越数个大洲，在杯中倒映的世界里领略咖啡深厚悠久的传统与文化。

《全球咖啡经济(1500—1989)：非洲、亚洲和拉丁美洲》

[英] 威廉·杰维斯·克拉伦斯-史密斯

[美] 史蒂文·托皮克 编　　上海财经大学出版社

2023年1月出版　　158.00元

　　500年来，咖啡一直在热带国家种植，用于温带地区的消费。本书是由9个国家的学者研究了过去5个世纪在十四个国家、四大洲以及印度洋和太平洋的咖啡市场和社会。本书分析了商品、劳动力和金融市场的创造和功能，种族、性别和阶级在咖啡社会形成中的作用，技术和生态之间的相互作用，以及殖民大国、民族主义政权和世界经济力量在经济发展中的影响。

《上海咖啡：历史与风景》

陈祖恩 著　　上海人民出版社

2022年8月出版　　128.00元

　　上海开埠后，西风东渐，浓郁的咖啡伴着香气的浪漫，日益成为都市生活的时尚。本书以第一手资料、生动的文字，阐述20世纪20年代至40年代上海咖啡文化的多样性与包容性，既有西区咖啡的异国情调、静安寺路时尚咖啡，也有南京路商业圈和苏州河北岸的咖啡人文特色。特别是对"咖啡一条街、上海屋檐下的咖啡摊、明星孵咖啡馆"等专题的细致描写，还原了咖啡文化在上海的形形色色。"因为咖啡，所以上海"，就咖啡而言，既有欧风深染，亦有屋檐摩登，是海派文化的鲜明特征，为本书的价值所在。

《黑咖啡》

[英] 阿加莎·克里斯蒂 著　　新星出版社

2022年7月出版　42.00元

　　物理学家克劳德·艾默里爵士研究出了一个全新的方程式，预示着一种威力惊人的新型炸药即将诞生。然而，他那张写有方程式的纸片却在家里被盗了。克劳德爵士将全家人聚集在阅览室里，命令管家关上灯，希望窃贼能在黑暗中归还方程式，然而当灯光再次亮起时，他已然死去……他是被黑咖啡里的毒药毒死的。但是，是谁在咖啡中下毒呢？这次，侦探波洛不仅要破解这起谋杀案，而且必须阻止一场世界性的恐怖危机……

《咖啡师的冲煮秘籍》

[澳] 米奇·福克纳 著　　　江苏凤凰科学技术出版社

2022年1月出版　58.00元

　　一本实用的意式咖啡冲煮指南，全面系统地介绍了意式咖啡的冲煮知识、拉花方法以及各式咖啡食谱。既有简洁明了的意式咖啡小知识，也有清晰详尽的拉花教程。在作者的指导下，咖啡新手可以快速掌握基础的冲煮方法，轻松入门；职业咖啡师则可以学到诸多实用的冲煮诀窍，快速进阶大师。书中还配有250多幅高清美图，四色全彩印刷，带大家在阅读中纵享"意式咖啡的美味盛宴"。

《咖啡美味手帖：咖啡品鉴必备常识》

日本世界文化社 编　　　文汇出版社

2022年10月出版　88.00元

　　本书网罗全日本的美味咖啡店铺，解读日本国内屈指可数的三大精品咖啡店的单品咖啡，包括咖啡巴赫（Caf&eocute;Bach）秘传的美味手冲咖啡调制要义，堀口咖啡如何挑选、研磨、储存咖啡豆，丸山咖啡所用金属滤杯的特性及美味咖啡的冲泡秘诀。同时介绍了全日本59家精品咖啡店和他们的单品咖啡、组合咖啡，并且洞察了咖啡豆的产地溯源与各大名店的烘焙火候，通过亲身品尝感受，了解咖啡口味和香气的奥妙，教读者如何选豆、研磨、冲泡和保存咖啡，从而发现自己钟爱的咖啡味道。

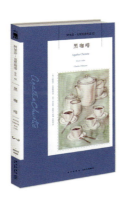

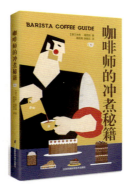

《咖啡馆招牌饮品》

[韩] 申颂尔 著　　机械工业出版社

2023年3月出版　88.00元

　　书中介绍了35种手调基底制作及100种家庭饮料。不单单介绍饮料的制作方法，还详细介绍饮料的核心——糖渍、浓缩汁、糖浆、饮品粉、水果干等基础做法。将这些熟练掌握，无论何时都可以在家享受美味的饮品。还收录了咖啡馆人气饮品制作方法，其中有很多是作者从事饮品咨询时研发的菜单。另外还介绍了一些备受好评的特别秘制饮品，同一杯饮品为什么在咖啡馆喝起来和在家里喝的不一样呢？秘密就在细节里。书中还告诉你100个小诀窍，让你家的厨房也能变成专业的饮品店。

《咖啡馆沙拉101》

[韩] 李宰熏 著　　机械工业出版社

2023年1月出版　88.00元

　　本书揭开了咖啡馆沙拉美味的秘密，总结出了沙拉的基本组合方式，掌握这些技巧，轻松在家完美复刻。本书先介绍了13种沙拉基础调味汁的配方、调制方法、使用技巧，在此基础上，介绍了基础沙拉、正餐沙拉、配酒沙拉、减肥沙拉以及用沙拉食材的边角料制作的特色三明治，配方准确、步骤详细、图文并茂。读者还可通过索引轻松检索每种基础调味汁适用的沙拉品种，方便、快捷。

《艺娜的秘密咖啡厅》

[韩] 艺娜 著　　机械工业出版社

2023年1月出版　88.00元

人气博主艺娜每天都会在SNS上同一时间介绍一种"今日咖啡"，她的"艺娜的咖啡厅"拥有43万粉丝。本书并不是简单介绍食谱的书，是可以帮助大家获取有关咖啡厅的点子、激发灵感的一本书。艺娜以自己的经验为基础，介绍了值得推荐给大家的特色食材、基础工具、绝不会失败的味道的比例、表现颜色的方法、冰块制作等小贴士。可以原封不动地跟着学，也可以活学活用制作自己的咖啡厅食谱。适合想要开发与众不同的标志性饮品的咖啡厅运营者。

《完全咖啡知识手册》（升级版）

[日]日本枻出版社编辑部 编　　中国轻工业出版社

2022年12月出版　68.00元

本书在第一版热销的基础上，分享了手冲咖啡的基础知识，其中详细介绍了选豆、烘焙、研磨、冲泡技巧、混合咖啡、冲泡水温、保存方法等内容，以及咖啡大师们给读者带来的自己独特的咖啡冲泡技巧，除此以外，还图文并茂地解说了拉花手法及技巧。书中还详细分析了咖啡行业的11大趋势，包括罐装咖啡、高端精品瓶装咖啡、后现代咖啡、成套家用咖啡机选购等咖啡衍生知识，适用于咖啡从业者和爱好者阅读。

《咖啡烘焙师手册》

[美]伦·布劳特 著　　　中国轻工业出版社

2023年1月出版　68.00元

从咖啡豆到咖啡冲煮的完整指南，为所有水平的咖啡爱好者打造。本书内容包括：咖啡简史：了解咖啡的起源，包括原始的烘焙方法，它被引入世界贸易市场，以及它到今天的演变；基本烘焙设备：探索关于家用和商用设备的有用信息，从空气鼓风机式烘焙机到大型鼓式烘焙机，以及其他重要工具，如温度计、加力燃烧器等；快速自评：独创自查指南，评价自己的烘焙水平并进行冲煮。

《咖香书香在上海》

汪耀华 主编　　　学林出版社

2023年2月出版　68.00元

本书由"咖香书香在上海"、《上海主要实体书店咖啡经营调研报告（2021年）》和《上海市出版物发行行业咖啡服务标准（2021年）》三部分组成。"咖香书香在上海"为2022上海咖啡文化周"啡尝上海，不负热爱"的分支活动，记载了由上海75家实体书店共同参与、推荐20种新书单等展览展示活动的基本态势，包括媒体报道的节选，从中可见上海品牌实体书店咖啡经营态势和参与2022上海咖啡文化周的基本状况；其中，《上海市出版物发行行业咖啡服务标准（2022年）》，是中国出版物发行业首个咖啡专业服务标准。

《好书店·好咖啡：上海45家书店的故事》

汪耀华 主编　上海人民出版社

2021年7月出版　98.00元

本书收录上海45家实体书店咖啡文化的故事，以及上海市书刊发行行业协会发布的《2021年上海主要实体书店咖啡经营项目调研报告》。本书通过对实体书店咖啡经营的现状、发展走势的讲述和调研，反映上海实体书店咖啡经营的概貌，探索咖啡作为书店复合型经营方式基础业态的潜在价值，推动业态融合、搭建交流平台、加强产业引导，促进上海图书发行产业多元融合发展。

《一杯咖啡抗百病》

张金坚　梁舍　著　大乐文化有限公司

2022年11月出版

如果你懂得正确喝咖啡，咖啡不仅能使你放松、帮你提神，还能帮你养生、抗癌、抗百病！热爱咖啡、深入钻研咖啡健康之道的台大名医张金坚，以及咖啡品牌负责人、钻研咖啡烘焙的梁舍，从医学及专业角度，剖析让咖啡喝出健康与风味的方法！

《没有咖啡活不下去！》

[日] 岩田亮子　著　方智出版社股份有限公司

2022年1月出版

身上流着咖啡味的血，没有咖啡不知道怎么活的你，对咖啡有一点了解，又好像不是太懂，每次上咖啡馆，都只能点美式或拿铁？其实不是你不懂，而是没人把咖啡说得有趣到让你想懂……就让全美知名的畅销书作家、咖啡爱好者岩田亮子用"看""学""饮""知""巡"五个主题，让你无论是爱喝却不懂的咖啡小白，还是有几十年经验的咖啡老饕都能从中体会到喝咖啡的乐趣与必要知识！

《咖啡冠军的手冲咖啡学：从了解自己喜欢的味道找到专属自己的咖啡配方》

[日] 井崎英典 著　邦联文化事业有限公司 睿其书房

2022年3月出版

你有了解过自己喜欢什么样的咖啡吗？每个人的喜好都不尽相同，本书就要来教大家，如何冲煮出符合个人喜好"最棒的一杯咖啡"的方法。书中浅显易懂地解说咖啡拥有的复杂、深奥滋味，并帮助读者正确掌握自己喜欢的味道。不仅如此，并非仅是冲煮出一次的偶然，而是讲解能反复重现的手法。囊括从生豆到萃取等全面性的知识，具实用性的"冲煮"知识与经验，透过解说与分析，能帮大家找到自己喜欢的味道，并学习冲煮出最合心意的一杯咖啡。

《咖啡学堂》

王稚雅 编著　晨星出版有限公司

2022年5月出版

本书透过11大主题分类，严选出101个咖啡词汇，以有趣浅显的文字，搭配中国台湾专业插画师的手绘图解，带你穿越飘香800年的咖啡秘密！如产区不同，同一品种的风味也会不同？精品咖啡、单品咖啡与配方咖啡到底有何差异？常喝的阿拉比卡豆是什么豆？咖啡豆只要一点点瑕疵就足以毁了一杯咖啡？中国台湾研发用来预防咖啡果小蠹的方法是什么样的？冲煮比例及时间该如何拿捏？冷萃与冰滴的步骤哪里不同呢？本书从各种不同角度分享咖啡，带给你最简易入门的咖啡知识，跨越东西、贯穿古今，就算对咖啡没有研究也可以很轻松地读懂关于咖啡的一切！

《冠军咖啡师　手冲咖啡哲学》

[日] 井崎英典 著　瑞昇文化事业股份有限公司

2022年11月出版

第15届世界咖啡师大赛冠军井崎大师最初认为"喝咖啡"就是享受咖啡时光，但他慢慢觉得其实"手冲咖啡"这个行为本身就是享受咖啡时光。房间里充满咖啡豆的芬芳香气，磨豆机喀啦喀啦磨豆的振动声，回响于安静屋里的滴滤声响……"冲煮咖啡"这个行为直接作用于我们的五感。就某种意义来说，有点类似正念的感觉，同时也包含近似茶道和花道的"要素"。

"上海咖香，洋溢世界 ｜ 上海书香，洋溢大地"
10幅获奖海报

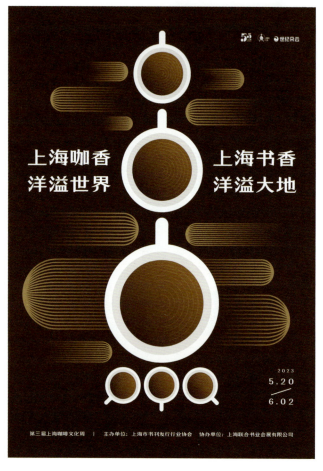

上海世纪朵云文化发展有限公司

上海钟书实业有限公司

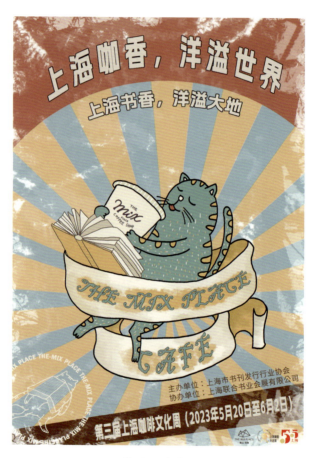

衡山・和集

上海香港三联书店

二酉书店

1927·鲁迅与内山纪念书局

上海上生新所　茑屋书店

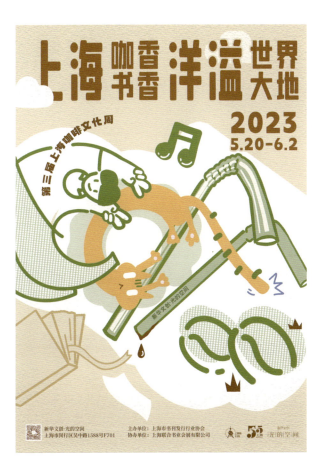

新华文创·光的空间

上海书城九六广场店

上海市书刊发行行业协会

"上海咖香，洋溢世界|上海书香，洋溢大地"

10家书店获奖优秀专柜展陈

上海香港三联书店

新华书店徐汇日月光店

上海书城长宁店

新华文创·光的空间

1927·鲁迅与内山纪念书局

大隐书局·九棵树艺术书店

钟书阁徐汇店

现代书店静安嘉里中心旗舰店

复旦经世书局

读者·壹琳文化空间

媒体报道选录

千杯咖啡免费喝！
150项咖啡文化活动亮相沪上80家书店

◎ 孙丽萍　沈　梅

　　"上海咖香，洋溢世界｜上海书香，洋溢大地"系列活动暨"百年百款西式咖啡器皿特展"于5月22日下午在上海香港三联书店举行。

　　由此，上海80家品牌实体书店在上海咖啡文化周期间推出的150项营造浓厚的咖啡书香文化氛围，擦亮"咖啡城市名片"的系列活动同频呈现。

　　"百年百款西式咖啡器皿特展"呈现的百款咖啡器皿以花式骨瓷为主，兼有描金、手绘。展品由长三角咖啡行业协会会长丁山先生收藏。其中，众多知名品牌如Aynsley，韦奇伍德（Wedgwood）以及Royal Albert（皇家阿尔伯特）、Royal Stafford（皇家Stafford）等，都是瓷器爱好者耳熟能详的品牌。

如今，书店经营咖啡已经成为沪上新书店的标配，是引流、传播知识、休闲阅读、销售图书的一个新空间，也是书店＋文创的融合经营的新成果。近年上海新开的众多书店已经成为单位团建、社区讲座的优选地、市民喜爱的公共文化空间，通过图书销售空间与咖啡经营空间的融合、10多家书店开设的咖啡外卖业务等，使书店咖啡的经营业绩获得稳步提升。

参加本次活动的80家品牌实体书店包括光的空间、艺术书坊、大夏书店、中版书房、读者书店、建投书局等独立门店，也有上海新华传媒连锁旗下书店、世纪朵云旗下书店、西西弗、钟书阁、大隐书局、大众书局等上海本地和全国连锁书店。

本次系列活动通过发布20＋咖啡新书单、设计发布个性化海报、咖啡主题书展、咖啡优惠、咖啡品鉴、咖啡师培训、咖啡技能竞赛、咖啡店等级评定等举措，以书传递咖啡知识，以活动带动书＋咖啡销售。参展的80家书店以此为基础，调配相关咖啡主题图书约20-100种进行重点展陈和推广。

通过前两届咖啡文化周咖啡主题图书的展陈，使得咖啡主题图书已经成为一些书店重点培育的类别之一，予以重点陈列和推广。今年这份书单所推介的书大多是近两年出版的，囊括了从咖啡豆基本识别到萃取、冲泡、拉花、品鉴等一系列咖啡知识。

其中，陈祖恩教授撰写的《上海咖啡：历史与风景》，以第一手资料，生动的文字，阐述了20世纪20年代至40年代上海咖啡文化的多样性与包容性，既有西区咖啡的异国情调、静安寺路咖啡的时

"百年百款西式咖啡器皿特展"呈现了百款咖啡器皿

尚，也有南京路商业圈和苏州河北岸的咖啡人文特色，还原了咖啡文化在上海的形形色色；《咖啡馆招牌饮品》介绍了35种手调基底制作及100种家庭饮料；《咖啡馆沙拉101》揭开了咖啡馆沙拉美味的秘密，介绍了沙拉的基本组合方式、若干种沙拉基础调味汁的配方、调制方法，拓展了咖啡文化。

参展的80家书店策划了150种主题活动将陆续亮相，通过多种形式组合优惠，推介自身阅读品牌，使市民读者在"畅饮"的同时获得更多的惊喜。上海市书刊发行行业协会在今年咖啡文化周期间和云南保山咖啡品牌合作推广，通过20多家参展书店向读者赠送世界顶级的保山小粒咖啡1000杯。上海市书刊发行行业协会在活动期间将同步推出咖啡技能竞赛、咖啡店等级评定等活动。

（新华网上海2023年5月23日）

沪上咖啡与书"香"得益彰

◎高志苗

"上海咖香，洋溢世界｜上海书香，洋溢大地"系列活动暨"百年百款西式咖啡器皿特展"5月22日在上海香港三联书店举行。上海80家品牌实体书店在上海咖啡文化周期间推出的150项擦亮"咖啡城市名片"的系列活动"同频呈现"。

《2023中国城市咖啡发展报告》显示，上海咖啡馆总量达8530家，平均每平方公里咖啡馆拥有量为1.35家，成为全球咖啡馆最多的城市。沪上咖啡与书"香"得益彰，在咖啡店拾得书香，或者在书店融合经营下嗅得"咖香"已成为"标配"。

上海市书刊发行行业协会副会长、秘书长汪耀华接受中新社记者采访时说，"书店＋咖啡"使得书店的存在价值更加多元、生存空间也有所延展，在城市公共空间的赋能上多了一种功能，营造一种"第三空间"的社交价值，成为书房的延伸，兼具客厅的格调、图书馆的氛围，是城市"慢生活"的写照，也是"书店＋文创"融合经营的新成果。

"现在书店主打差异化竞争。"上海香港三联书店总经理助理沈

骁告诉记者，书店已经脱离了传统书店的概念，发展到"书店＋"，即融合发展图书与咖啡、文创、戏剧演出等内容。

沈骁说，上海香港三联书店除了有咖啡书籍的专柜外，也会在咖啡文化周期间举办咖啡特色展览和讲座，如去年的咖啡古董器具展以及今年"上海咖啡"讲座及百年百款西式咖啡器皿展等。通过独特的咖啡主题展览吸引更多年轻人，也希望逐渐把品牌年轻化。

上海"书店＋融合发展"走在全国前列。汪耀华介绍，现在上海所有新开的书店，都会配置自营的咖啡经营空间。同时，上海书店里经营咖啡的总量也是全国第一，这与上海咖啡店总量是相匹配的。

"期待书店在'一店一品'的建设中，打造'百店百味'的专业咖啡品牌，使书店经营咖啡不再是书店的附属品，而是能让品咖人更多感受到城市的温情和暖意，体现书店'手作人'的创意和匠心。"汪耀华说。

（中新社上海2023年5月22日）

上海实体书店咖啡文化周150项活动带动融合经营

咖啡与书"香"得益彰

◎金　鑫

有优惠、有讲座、有体验，上海实体书店咖啡文化周近日启动，80家品牌实体书店策划的150项咖啡主题活动陆续亮相，为上海打造"咖啡城市名片"营造浓厚的咖啡书香文化氛围。

《2023中国城市咖啡发展报告》显示，上海咖啡馆总量达8530

家，平均每平方公里咖啡馆拥有量为1.35家，成为全球咖啡馆最多的城市。沪上咖啡与书"香"得益彰，在咖啡店拾得书香，或者在书店融合经营下嗅得"咖香"已成为"标配"。

今年咖啡文化周期间，在上海市委宣传部的指导下，上海市书刊发行行业协会邀集沪上光的空间、艺术书坊、大夏书店、中版书房、读者书店、建投书局等80家品牌实体书店，通过发布咖啡新书单、设计发布个性化海报、咖啡主题书展等活动，以书传递咖啡知识，以活动带动书＋咖啡销售。

据了解，通过前两届咖啡文化周咖啡主题图书的展陈，使得咖啡主题图书已经成为一些书店重点培育的类别之一，予以重点陈列和推广。今年这份书单所推介的书大多是近两年出版的，囊括了从咖啡豆基本识别到萃取、冲泡、拉花、品鉴等一系列咖啡知识，结合书店＋咖啡的经营特点，推荐了《咖香书香在上海》《咖啡星人指南》《杯中的咖啡：一种浸透人类社会的嗜好品》等新书。

此外，多家单位推出限定款咖啡，举办手冲咖啡体验沙龙暨咖啡&阅读分享活动。上海市书刊发行行业协会也将同步推出咖啡技能竞赛、咖啡店等级评定等活动，以规范并提升书店咖啡从业人员的服务水准。上海市书刊发行行业协会副会长、秘书长汪耀华表示，书店举办咖啡文化活动，不仅是一种咖啡文化的普及和提高，对于书业咖啡经营者也是一次机遇，使书店＋咖啡在营造公共文化空间中更加规范，更好实现引流与赋能。

（《中国新闻出版广电报》2023年5月25日）

沪上80家书店亮相150项咖啡文化活动推出20＋咖啡新书单

◎穆宏志

"上海咖香，洋溢世界｜上海书香，洋溢大地"系列活动暨"百年百款西式咖啡器皿特展"于5月22日在上海香港三联书店举行，上海80家品牌实体书店在上海咖啡文化周期间推出150项活动，营造浓厚的咖啡书香文化氛围，擦亮"咖啡城市名片"的系列活动同频呈现。

上海市书刊发行行业协会在上海市委宣传部的指导下，邀集80家品牌实体书店包括光的空间、艺术书坊、大夏书店、中版书房、读者书店、建投书局等独立门店，也有上海新华传媒连锁旗下书店、世纪朵云旗下书店、西西弗、钟书阁、大隐书局、大众书局等上海本地和全国连锁书店。这些书店分布在上海主要商圈，是体现城市文化营商水准的空间。此次系列活动通过发布20＋咖啡新书单、设计发布个性化海报、咖啡主题书展、咖啡优惠、咖啡品鉴、咖啡师培训、咖啡技能竞赛、咖啡店等级评定等举措，以书传递咖啡知识，以活动带动书＋咖啡销售。

上海市书刊发行行业协会在长三角咖啡行业协会、云南省咖啡行业协会的支持下，首度和云南保山合作推广品牌咖啡。此次通过20多家参展书店向读者赠送世界顶级的保山小粒咖啡1000杯。读者当日单次消费满80元(不含咖啡)即可获赠一杯。

活动期间推出20＋咖啡新书单，参展的80家书店以此为基础，调配相关咖啡主题图书约20—100种进行重点展陈和推广。该书单所推介图书大多为近两年出版，囊括了从咖啡豆基本识别到萃取、冲泡、拉花、品鉴等一系列咖啡知识，结合书店＋咖啡的经营特点，推荐了《咖香书香在上海》《咖啡星人指南》《杯中的咖啡：一种浸透人类社会的嗜好品》等新书。其中，陈祖恩教授撰写的《上海咖啡：历史与风景》，以第一手资料，生动的文字，阐述了

20世纪20年代至40年代上海咖啡文化的多样性与包容性，既有西区咖啡的异国情调、静安寺路咖啡的时尚，也有南京路商业圈和苏州河北岸的吃啡人文特色，还原了咖啡文化在上海的形形色色；《咖啡馆招牌饮品》介绍了35种手调基底制作及100种家庭饮料；《咖啡馆沙拉101》揭开了咖啡馆沙拉美味的秘密，介绍了沙拉的基本组合方式、若干种沙拉基础调味汁的配方、调制方法，拓展了咖啡文化。

"百年百款西式咖啡器皿特展"呈现的百款咖啡器皿以花式骨瓷为主，兼有描金、手绘。展品为长三角咖啡行业协会会长丁山先生收藏。

上海市书刊发行行业协会在活动期间同步推出咖啡技能竞赛、咖啡店等级评定等活动。咖啡技能竞赛包括咖啡手冲、拉花、美式等项目；咖啡店等级评定活动根据2022年8月发布的《上海市出版物发行行业咖啡服务标准》，首推由书店自荐、专业评审的咖啡店等级评定。为规范并提升书店咖啡从业人员水准，行业咖啡师职业技能培训（中级班）也将同时举行。

（《中国出版传媒商报》2023年5月26日）

上海咖啡文化周｜
80家书店推出活动，喝一杯浸润书香的咖啡

◎杨宝宝

上海咖啡馆数量达到8530家，是全球咖啡馆最多的城市，每平方公里咖啡馆拥有量为1.35家，每万人咖啡馆拥有量为3.45家。咖啡在上海，俨然已经成为一种文化，成为生活的一部分。

一年一度的上海咖啡文化周，是上海咖啡爱好者心目中的盛宴。"书店＋咖啡"近年来也成为实体书店的新业态。5月22日，在上海香港三联书店，百件精致的咖啡器皿展出，由此拉开"上海咖香，洋溢世界｜上海书香，洋溢大地"系列活动的序幕。

活动期间，上海市书刊发行行业协会邀集上海80家品牌实体书店推出150项活动，营造浓厚的咖啡书香文化氛围，擦亮"咖啡城市名片"。

在书店喝一杯咖啡

目前，书店经营咖啡已经成为新书店的标配，是引流、传播知识、休闲阅读、销售图书的一个新空间，也是"书店＋文创"的融

1927·鲁迅与内山纪念书局　　　　大隐书局·前滩店

合经营的新成果。近年新开的书店已经成为单位团建、社区讲座的优选地、市民喜爱的公共文化空间，书店通过图书销售空间与咖啡经营空间的融合、咖啡外卖业务等，经营业绩稳步提升。

　　本次参加活动的80家品牌实体书店包括光的空间、艺术书坊、大夏书店、中版书房、读者书店、建投书局等独立门店，也有上海新华传媒连锁旗下书店、世纪朵云旗下书店、西西弗、钟书阁、大隐书局、大众书局等上海本地和全国连锁书店。

　　今年，上海市书刊发行行业协会在长三角咖啡行业协会、云南省咖啡行业协会的支持下，首度和云南保山合作推广品牌咖啡。

　　世界黄金咖啡带上，有闻名的摩卡咖啡、蓝山咖啡。保山小粒咖啡位于这条黄金咖啡带的中段，香气浓郁，口感醇厚，浓而不烈，是国家地理标志产品。

　　今年，20多家参展书店将向读者赠送1000杯世界顶级的保山小

大隐湖畔书局

粒咖啡，读者当日单次消费满80元（不含咖啡）即可获赠一杯。

思南书局特别设计和研发了一款富有特色的咖啡饮品——"先唤醒我再灌醉我"，以冷萃咖啡为基础，加入咖啡利口酒，不仅强化了咖啡的浓郁风味，而且带来了独特的酒精感。

不少参展书店都推出了咖啡主题相关优惠活动。交大书院4种饮品进行买一赠一；读者·外滩旗舰店推出"啡"常优惠活动；钟书阁选定4款咖啡参与8折优惠活动；新华文创·光的空间购买饮品后在"咖啡图书展销区域"消费可获8折优惠；新华传媒连锁旗下的十家新华书店推出"新品雪克啤酒黄油拿铁第二杯半价"活动；百新书局三家门店全场消费99元送10元咖啡券、消费66元送5元咖啡券；现代书店静安嘉里中心旗舰店推出主题图书打折促销及咖啡优惠；二酉书店联合恒基旭辉天地为商场白领送咖啡；上生新所茑屋书店在门店购买任意图书，即可享咖啡及蛋糕7折优惠……

"20＋咖啡新书单"推出

与书香结合，是书店咖啡独特的韵味。今年，"上海咖香，洋溢世界 | 上海书香，洋溢大地"活动推出20＋咖啡新书单，参展的80家书店以此为基础，调配相关咖啡主题图书约20—100种进行重点展陈和推广。

今年书单所推介图书大多是近两年出版的新作，包括从咖啡豆基本识别到萃取、冲泡、拉花、品鉴等一系列咖啡知识。

结合"书店＋咖啡"的经营特点，书单推荐了《咖香书香在上海》《咖啡星人指南》《杯中的咖啡：一种浸透人类社会的嗜好品》等新书。其中，陈祖恩教授撰写的《上海咖啡：历史与风景》，以第一手资料，生动的文字，阐述了20世纪20年代至40年代上海咖啡文化的多样性与包容性，还原了咖啡文化在上海的形形色色。上海咖啡既有西区咖啡的异国情调、静安寺路咖啡的时尚，也有南京路商业圈和苏州河北岸的咖啡人文特色；《咖啡馆招牌饮品》介绍了35种手调基底制作及100种家庭饮料；《咖啡馆沙拉101》揭开了咖啡馆沙拉美味的秘密，介绍了沙拉的基本组合方式、若干种沙拉基础调味汁的配方、调制方法，拓展了咖啡文化。

今年（2023年）已是咖啡书单第3年推出。据悉，经过前两届咖啡文化周咖啡主题图书的展陈，如今咖啡主题图书已经成为一些书店重点培育的类别之一。

咖啡主题活动丰富多彩

除了"品味咖啡"与"阅读咖啡",活动期间还有丰富多彩的咖啡主题活动供读者选择。

上海香港三联书店的"百年百款西式咖啡器皿特展"呈现了百款咖啡器皿,其中以花式骨瓷为主,兼有描金、手绘。骨瓷于1794年由英国人发明,因在其黏土中加入牛、羊等骨粉而得名。展品由长三角咖啡行业协会会长丁山先生收藏。其中,很多知名品牌如英国皇室御用品牌Aynsley,精致瓷器韦奇伍德(Wedgwood)以及皇家阿尔伯特(Royal Albert)、皇家Stafford(Royal Stafford)等,都是瓷器爱好者耳熟能详的品牌,也是首次集中亮相展示。

不少书店推出了咖啡主题的体验课程、讲座。二酉书店在5月25日晚上举办"大师手冲咖啡体验课程";新华文创·光的空间邀请知名咖啡讲师于5月26日进行手冲咖啡体验沙龙暨咖啡&阅读分享活动;读者·外滩旗舰店举办"啡一般的养宠"插画展,在5月27日开展现场手绘插画及手冲咖啡品鉴活动;艺术书坊在5月28日推出"有点咖啡 有点艺术"咖啡特调品鉴体验沙龙活动,由业内多次获得饮品赛冠军的林文超带教制作两款咖啡特调饮品;交大书院联合交大农学院举办咖啡知识讲座;建投书局推出"传记咖啡馆·带上咖啡去旅行"活动,从中国上海的北外滩港口出发,通过海上航线探访全球4个咖啡产地(埃塞俄比亚、巴西、印度尼西亚、中国云南),在书籍和咖啡的香气中领略不同地域的咖啡文化。

活动期间，上海市书刊发行行业协会还将同步推出咖啡技能竞赛、咖啡店等级评定等活动。行业咖啡师职业技能培训（中级班）也将同时举行。

　　以咖啡为支点，这场活动以"书店＋咖啡"的模式撬动消费热度，在拥有独特海派文化的上海，带领人们共赴一场味觉与精神的盛宴。

（澎湃新闻2023年5月22日）

交大书院

书香遇上咖啡香　申城80家品牌书店有新动作

◎包永婷

作为第三届上海咖啡文化周活动之一，"上海咖香，洋溢世界 | 上海书香，洋溢大地"系列活动暨"百年百款西式咖啡器皿特展"今天在上海香港三联书店举行。本次系列活动通过发布20＋咖啡新书单、咖啡主题书展、咖啡优惠、咖啡品鉴等举措，以书传递咖啡知识。上海80家品牌实体书店将推出150项活动，营造浓厚的咖啡书香文化氛围。

上海市书刊发行行业协会邀请参展的80家品牌实体书店分布在全市主要商圈。有光的空间、艺术书坊、大夏书店、中版书房、读者书店、建投书局等独立门店，也有上海新华传媒连锁旗下书店、世纪朵云旗下书店、西西弗、钟书阁、大隐书局、大众书局等连锁书店。

书店经营咖啡已经成为新书店的标配。近年新开的书店已经成为单位团建、社区讲座的优选地、市民喜爱的公共文化空间，通过图书销售空间与咖啡经营空间的融合、10多家书店开设的咖啡外卖业务等，使书店咖啡的经营业绩获得稳步提升。

在今年咖啡文化周期间，上海市书刊发行行业协会和云南保山咖啡品牌合作，通过20多家参展书店向读者赠送保山小粒咖啡1000杯。读者当日单次消费满80元（不含咖啡）即可获赠一杯。

"上海咖香，洋溢世界 | 上海书香，洋溢大地"活动推出20＋咖啡新书单，参展的80家书店以此为基础，调配相关咖啡主题图书约20—100种进行重点展陈和推广。通过前两届咖啡文化周咖啡主题图书的展陈，咖啡主题图书已经成为一些书店重点培育的类别之一。

今年新书单所推介的书大多是近两年出版的，囊括了从咖啡豆基本识别到萃取、冲泡、拉花、品鉴等一系列咖啡知识，结合书店＋咖啡的经营特点，推荐《咖香书香在上海》《咖啡星人指南》《杯中的咖啡：一种浸透人类社会的嗜好品》等新书。其中，陈祖恩撰写的《上海咖啡：历史与风景》以第一手资料，阐述了20世纪20年代至40年代上海咖啡文化的多样性与包容性；《咖啡馆招牌饮品》介绍了35种手调基底制作及100种家庭饮料；《咖啡馆沙拉101》揭开了咖啡馆沙拉美味的秘密。

今天亮相的"百年百款西式咖啡器皿特展"，呈现的百款咖啡器皿以花式骨瓷为主，兼有描金、手绘。其中，很多知名品牌如英国皇室御用品牌、世界十大名瓷之——Aynsley，精致瓷器、品位代名词——韦奇伍德（Wedgwood）以及Royal Albert（皇家阿尔伯特）等，都是瓷器爱好者耳熟能详的品牌。展品由长三角咖啡行业协会会长丁山收藏。

参展的80家书店策划的150种主题活动将陆续亮相，通过多种形式组合优惠，推介自身阅读品牌，使市民读者在"畅饮"的同时获得更多的惊喜。在优惠方面，新华文创·光的空间购买饮品后在"咖啡图书展销区域"消费可获8折优惠；新华传媒连锁旗下的十家新华书店推出"新品雪克啤酒黄油拿铁第二杯半价"活动；百新书局的三家门店全场消费99元送10元咖啡券、消费66元送5元咖啡券；二酉书店联合恒基旭辉天地为商场白领送咖啡；上生新所　茑屋书店在门店购买任意图书，即可享咖啡及蛋糕7折优惠。

　　一系列讲座体验活动也将与读者见面。二酉书店联合多家单位推出限定款咖啡、特调美式，在5月25日晚上举办"'大师手冲咖啡'体验课程"；新华文创·光的空间邀请知名咖啡讲师于5月26

日进行手冲咖啡体验沙龙暨咖啡&阅读分享活动；读者·外滩旗舰店举办"啡一般的养宠"插画展，在5月27日开展现场手绘插画及手冲咖啡品鉴活动；思南书局特别设计和研发了一款咖啡饮品——"先唤醒我再灌醉我"，以冷萃咖啡为基础，加入咖啡利口酒；建投书局推出"传记咖啡馆·带上咖啡去旅行"活动，从中国上海的北外滩港口出发，通过海上航线探访全球四个咖啡产地（埃塞俄比亚、巴西、印度尼西亚、中国云南），在书籍和咖啡的香气中领略不同地域的咖啡文化。

活动期间，上海市书业发行行业协会将同步推出咖啡技能竞赛、咖啡店等级评定等活动。咖啡技能竞赛包括咖啡手冲、拉花、美式等项目；咖啡店等级评定活动根据去年发布的《上海市出版物发行行业咖啡服务标准》，首推由书店自荐、专业评审的咖啡店等级评定。此外，为规范并提升书店咖啡从业人员的水准，行业咖啡师职业技能培训（中级班）也将举行。

（东方网2023年5月22日）

书店＋咖啡，
沪上80家书店亮相150项咖啡文化活动

◎吴泽宇

　　"上海咖香，洋溢世界 ｜ 上海书香，洋溢大地"系列活动暨"百年百款西式咖啡器皿特展"今天（5月22日）下午在上海香港三联书店举行。上海80家品牌实体书店在上海咖啡文化周期间推出的150项文化活动，与擦亮"咖啡城市名片"的系列活动同步呈现。

　　80家品牌实体书店包括光的空间、艺术书坊、大夏书店、中版书房、读者书店、建投书局等独立门店，也有上海新华传媒连锁旗下书店、世纪朵云旗下书店、西西弗、钟书阁、大隐书局、大众书局等上海本地和全国连锁书店。

　　本次系列活动通过发布20＋咖啡新书单、调配相关咖啡主题图书约20—100种进行重点展陈和推广。此外，还设计发布个性化海报、咖啡主题书展、咖啡优惠、咖啡品鉴、咖啡师培训、咖啡技能竞赛、咖啡店等级评定等举措，以书传递咖啡知识，以活动带动书＋咖啡销售。

　　今年的书单所推介的大多是近两年出版的新书，囊括了从咖啡豆基本识别到萃取、冲泡、拉花、品鉴等一系列咖啡知识，结合书店＋咖啡的经营特点，推荐了《咖香书香在上海》《咖啡星人指南》《杯中的咖啡：一种浸透人类社会的嗜好品》等新书。其中，陈祖恩教授撰写的《上海咖啡：历史与风景》，以第一手资料、生动的文字，阐述了20世纪20年代至40年代上海咖啡文化的多样性与包容性，既有西区咖啡的异国情调、静安寺路咖啡的时尚，也有南京路商业圈和苏州河北岸的咖啡人文特色，还原了咖啡文化在上海的形形色色；《咖啡馆招牌饮品》介绍了35种手调基底制作及100种家庭饮料；《咖啡馆沙拉101》揭开了咖啡馆沙拉美味的秘密，介绍了沙拉的基本组合方式、若干种沙拉基础调味汁的配方、调制方法，拓展了咖啡文化。

"百年百款西式咖啡器皿特展"呈现的百款咖啡器皿以花式骨瓷为主，兼有描金、手绘。骨瓷于1794年由英国人发明，因在其黏土中加入牛、羊等骨粉而得名。展品由长三角咖啡行业协会会长丁山收藏。其中，很多知名品牌如英国皇室御用品牌、世界十大名瓷之一——Aynsley，精致瓷器、品位代名词——韦奇伍德（Wedgwood）以及Royal Albert（皇家阿尔伯特）、Royal Stafford（皇家Stafford）等，都是瓷器爱好者耳熟能详的品牌，也是首次集中亮相展示。

（上海电台·魔都话匣子2023年5月22日）

品咖啡、学咖啡，欣赏百款咖啡器皿，上海80家书店推出150项咖啡文化活动

◎施晨露

　　"上海咖香，洋溢世界 | 上海书香，洋溢大地"系列活动暨"百年百款西式咖啡器皿特展"5月22日下午在上海香港三联书店揭幕。由此，上海80家品牌实体书店在上海咖啡文化周期间推出的150项营造咖啡书香文化氛围、擦亮"咖啡城市名片"的系列活动同频呈现。

　　在市委宣传部的指导下，上海市书刊发行行业协会邀集80家品牌实体书店，包括光的空间、艺术书坊、大夏书店、中版书房、读者书店、建投书局等独立门店和上海新华传媒连锁旗下书店、世纪朵云旗下书店、西西弗、钟书阁、大隐书局、大众书局等上海本地和全国连锁书店。这些书店分布在全市主要商圈，系列活动通过发布20＋咖啡新书单、设计发布个性化海报、咖啡主题书展、咖啡优惠、咖啡品鉴、咖啡师培训、咖啡技能竞赛、咖啡店等级评定等举措，以书传递咖啡知识，以活动带动书＋咖啡销售。

　　其中，上海市书刊发行行业协会在长三角咖啡行业协会、云南省咖啡行业协会的支持下，首度和云南保山合作推广品牌咖啡，

在20多家参展书店向读者赠送世界顶级保山小粒咖啡1000杯。

"上海咖香，洋溢世界｜上海书香，洋溢大地"活动推出20＋咖啡新书单，参展的80家书店以此为基础，调配相关咖啡主题图书约20—100种进行重点展陈和推广。

今年这份书单推介的书大多是近两年出版的，囊括从咖啡豆基本识别到萃取、冲泡、拉花、品鉴等一系列咖啡知识，结合书店＋咖啡的经营特点，推荐《咖香书香在上海》《咖啡星人指南》《杯中的咖啡：一种浸透人类社会的嗜好品》等新书。其中，陈祖恩撰写的《上海咖啡：历史与风景》以第一手资料，阐述了20世纪20年代至40年代上海咖啡文化的多样性与包容性；《咖啡馆招牌饮品》介绍了35种手调基底制作及100种家庭饮料。

参展的80家书店策划的150种主题活动陆续亮相。在上海香港三联书店举办的"百年百款西式咖啡器皿特展"呈现一百款以花式骨瓷为主，兼有描金、手绘的咖啡器皿。展品由长三角咖啡行业协会会长丁山收藏。其中有不少知名品牌如英国皇室御用品牌、世界十大名瓷之一——Aynsley，精致瓷器——韦奇伍德（Wedgwood）以及Royal Albert（皇家阿尔伯特）、Royal Stafford（皇家Stafford）等，都是瓷器爱好者耳熟能详的品牌，也是首次集中亮相展示。

还有多种多样的体验活动——二酉书店联合多家单位推出限定款咖啡、特调美式，并举办"大师手冲咖啡体验课程"；新华文创·光的空间邀请知名咖啡讲师进行手冲咖啡体验沙龙暨咖啡&阅读分享活动；读者·外滩旗舰店举办"啡一般的养宠"插画展，开展现场推出手绘插画及手冲咖啡品鉴活动；艺术书坊推出"有点咖啡 有点艺术"咖啡特调品鉴体验沙龙活动，由业内多次获得饮品赛冠军的林文超带教制作两款咖啡特调饮品；交大书院联合交大农学院举办咖啡知识讲座；思南书局特别设计和研发了一款富有特色的咖啡饮品，以冷萃咖啡为基础，加入咖啡利口酒，带来独特口感；建投书局推出"传记咖啡馆·带上咖啡去旅行"活动，从北外滩港口出发，通过海上航线探访全球四个咖啡产地（埃塞俄比亚、巴西、印度尼西亚、中国云南），在书籍和咖啡的香气中领略不同地域的咖啡文化。

上海市书刊发行行业协会将在活动期间同步推出咖啡技能竞赛、咖啡店等级评定等活动。为规范并提升书店咖啡从业人员的水准，行业咖啡师职业技能培训（中级班）也将同时举行。

（上观新闻2023年5月22日）

当咖啡成书店标配，如何为阅读"引流"？

◎许　旸

　　漫步上海街头，透过书店玻璃橱窗，西式百年咖啡骨瓷杯上的花卉纹样，沉淀着时间的香气；一整面墙的中外图书专架打造出"咖啡百科全书"……书香交织咖啡香，已经成为彰显海派特色的一道景观，传递出城市的文化温度。

　　一年一度的上海咖啡文化周期间，"上海咖香，洋溢世界丨上

海书香，洋溢大地"系列活动近日在上海香港三联书店举行，"百年百款西式咖啡器皿特展"同期展出。上海市书刊发行行业协会邀集沪上80家品牌实体书店推出150项系列活动，通过发布咖啡新书单、设计个性化海报、咖啡主题书展、咖啡优惠、咖啡品鉴、咖啡师培训、咖啡技能竞赛、咖啡店等级评定等举措，带动"书＋咖啡"销售，营造浓厚文化氛围，擦亮"咖啡城市名片"。

当咖啡几乎成了新书店的标配，如何为阅读推广有效"引流"？市书刊发行行业协会副会长、秘书长汪耀华观察到，近年来书店已成为青年人团建、社区讲座的优选地，市民喜爱的公共文化空间；通过图书推广与咖啡经营空间融合、10多家书店开设咖啡外卖业务等，书店咖啡经营业绩获得稳步提升，也反哺导流了相关图书的销量，溢出效应明显。

烟火气融入书卷气，咖啡主题图书升温

作为全球咖啡馆最多的城市，上海已拥有8530家咖啡馆。在各具特色的实体书店里，兼具社交与文化属性的咖啡消费新体验，融入了阅读新场景。

当烟火气融入书卷气，咖啡主题图书销售明显拉升。上海香港三联书店有限公司总经理助理沈骁介绍，店内专门辟出专架专区重点陈列推广咖啡文化主题图书，囊括了从咖啡豆识别到萃取、冲泡、拉花、品鉴等一系列知识，以及咖啡在各国历史、如何开咖啡店等多个领域，以咖啡为支点，撬动图书文创的消费热度。

　　书单上榜的书大都是近两年出版，如《咖香书香在上海》《咖啡星人指南》《杯中的咖啡：一种浸透人类社会的嗜好品》等新书。其中，陈祖恩教授《上海咖啡：历史与风景》以第一手资料，生动阐述20世纪20年代至40年代上海咖啡文化的多样性与包容性，既有西区咖啡的异国情调、静安寺路咖啡的时尚，也有南京路商业圈和苏州河北岸的咖啡人文特色，还原了咖啡文化在上海的形形色色。《咖啡馆招牌饮品》介绍35种手调基底制作及100种家庭饮料；《咖啡馆沙拉101》揭开了咖啡馆沙拉美味的秘密，拓展了咖啡文化。

　　"百年百款西式咖啡器皿特展"呈现的百款咖啡器皿中，以花式骨瓷为主，兼有描金、手绘。"咖啡从满足口腹之欲的饮品，逐渐演变为一种精致生活美学方式。"长三角咖啡行业协会会长丁山告诉记者，很多知名品牌首次集中亮相展示，比如英国皇室御用品牌、世界十大名瓷之一——Aynsley，韦奇伍德、皇家阿尔伯特等精致瓷器品位代名词，都是爱好者耳熟能详的品牌。

感受"第三空间"温情，传递美好生活味道

业内指出，书店＋咖啡，使得书店的存在价值更加多元、生存空间也有所延伸，在城市公共空间的赋能上多了一种功能，营造出"第三空间"的社交价值，成为书房的延伸，兼具客厅的格调、图书馆的氛围，也是城市"慢生活"的写照。阅读推广与咖啡文化彼此赋能、相得益彰，经营咖啡不再是书店的附属品，而是让人更多感受到城市温情，体现书店的创意和匠心。

随着越来越多咖啡品牌在上海落地生根，包容、开放、富有活力的咖啡文化融入上海DNA。参展的80家书店策划的150种主题活动将陆续亮相，使市民在"畅饮"的同时获得更多惊喜。比如首度和云南保山合作推广品牌咖啡，通过20多家参展书店向读者赠千杯保山小粒咖啡；交大书院4种饮品买一赠一；新华传媒连锁旗下九家新华书店推出"新品雪克啤酒黄油拿铁第二杯半价"……

咖啡是阅读的理想伙伴，在书店与有趣的灵魂，或许只有一杯咖啡的距离。除了惠民折扣，多家书店也推出一系列讲座。二西书店联合恒基旭辉天地为商场白领送咖啡，并推出"大师手冲咖啡体验课程"等；新华文创·光的空间策划手冲咖啡体验沙龙暨咖啡阅读分享；读者·外滩旗舰店举办"啡一般的养宠"插画展，并将推出现场手绘插画及手冲咖啡品鉴活动；艺术书坊将举办"有点咖啡有点艺术"咖啡特调品鉴体验沙龙。

　　不少书店"脑洞大开"比拼创意,大大丰富了逛书店的体验感。思南书局设计研发了特色饮品,以冷萃咖啡为基础,加入咖啡利口酒,带来浓郁的味觉体验。建投书局推出"传记咖啡馆·带上咖啡去旅行",从北外滩港口出发,通过海上航线探访全球四个咖啡产地,包括埃塞俄比亚、巴西、印度尼西亚、中国云南,在书籍和咖啡的香气中领略不同地域文化。

（《文汇报》2023年5月24日）

喝咖啡你用什么瓷器？
百款百年咖啡器皿在书本间静候

◎徐翌晟

　　今天（5月22日）起至6月4日，"上海咖香，洋溢世界 | 上海书香，洋溢大地"系列活动之一"百年百款西式咖啡器皿特展"在上海香港三联书店举行，展览由上海市书刊发行行业协会主办、沪港三联书店承办、长三角咖啡行业协会协办。路过沪港三联书店的玻璃橱窗，可以看见这些绘满了各色花卉的皇家用瓷，在书本间静静地诉说着时间的味道。

　　特展的百款咖啡器皿全部产自英国，以花式骨瓷为主，手绘花卉图案居多，展出的瓷器多有百年历史。如英国皇室御用品牌、世界十大名瓷之一——Aynsley，是两百多年来英皇室御用品牌，再如韦奇伍德（Wedgwood），是世界上最精致的瓷器、品位的代名词，产品受到全球成功人士及社会名流的推崇，曾为俄国女沙皇叶卡特琳娜二世专门制作餐具。还有Royal Albert（皇家阿尔伯特）、Royal Stafford（皇家Stafford）等，都是瓷器爱好者耳熟能详的品牌。英国人细腻、讲究，为了让陶瓷变得更轻巧，陶瓷之父

Josiah Wedgwood（约书亚·韦奇伍德）在19世纪将陶瓷改良，加入骨粉，制造出史上第一只骨瓷，骨瓷内的骨粉含量约占40%，品质上乘的含量更可达51%，含量越高，质地越坚硬，不易碎裂之余，烧制的难度也大大提高，成品的坚硬度是日用瓷器的两倍。

这些展品主要由长三角咖啡行业协会会长丁山提供。他告诉记者，展出的瓷器有些是一杯一碟，有些是一杯两碟，其实大部分理应是一杯两碟，其中的一个碟子用来盛放小点心，让咖啡的苦涩浓郁与蛋糕的甜腻产生化学反应。但是瓷器在运输收藏的过程中难免磕碰，损伤一碟，是家常便饭，甚至损失了两个碟子，唯剩杯子。尽管如此，丁山说他会把收藏拿出来用，"用才有价值。一边品咖啡，一边欣赏器皿呈现的文化内涵。"

"上海咖香，洋溢世界｜上海书香，洋溢大地"活动推出了咖啡新书单，参展的80家书店以此为基础，调配相关咖啡主题图书进行重点展陈和推广。今年这份书单所推介的书囊括了从咖啡豆基本识别到萃取、冲泡、拉花、品鉴等一系列咖啡知识，结合书店＋咖啡的经营特点，推荐了《咖香书香在上海》《咖啡星人指南》《杯中的咖啡：一种浸透人类社会的嗜好品》等新书。其中，陈祖恩教授撰写的《上海咖啡：历史与风景》，以第一手资料、生动的文字，阐述了20世纪20年代至40年代上海咖啡文化的多样性与包容性，既有西区咖啡的异国情调、静安寺路咖啡的时尚，也有南京路商业圈和苏州河北岸的咖啡人文特色，还原了咖啡文化在上海的形形色色；《咖啡馆招牌饮品》介绍了35种手调基底制作及100种家庭饮料；《咖啡馆沙拉101》揭开了咖啡馆沙拉美味的秘密，介绍了沙拉的基本组合方式、若干种沙拉基础调味汁的配方、调制方法，拓展了咖啡文化。咖啡香与书香亦是绝佳的搭配，它们都是美好生活的味道。

（《新民晚报》2023年5月22日）

书店＋咖啡
上海80家书店推出150项咖啡文化活动

◎周　滢

　　"百年百款西式咖啡器皿特展"昨天在上海香港三联书店举行。由此，80家品牌实体书店在上海咖啡文化周推出"上海咖香，洋溢世界｜上海书香，洋溢大地"系列活动正式开启。

　　"百年百款西式咖啡器皿特展"呈现的百款咖啡器皿以花式骨瓷为主，兼有描金、手绘。骨瓷于1794年由英国人发明，因在其黏土中加入牛、羊等骨粉而得名。其中，很多知名品牌如英国皇室御用品牌、世界十大名瓷之一——Aynsley，精致瓷器、品位代名词——韦奇伍德（Wedgwood）以及Royal Albert（皇家阿尔伯特）、Royal Stafford（皇家Stafford）等，都是瓷器爱好者耳熟能详的品牌，也是首次集中亮相展示。

　　近年新开的实体书店凭借安静轻松的环境、浓郁的书香氛围，成为单位团建、社区讲座的优选地、市民喜爱的公共文化空间。参加本次活动的80家品牌实体书店包括光的空间、艺术书坊、大夏书店、中版书房、读者书店、建投书局等独立门店，也有上海新华传媒连锁旗下书店、世纪朵云旗下书店、西西弗、钟书阁、大隐书局、大众书局等上海本地和全国连锁书店。

参展的书店策划了发布20＋咖啡新书单、设计发布个性化海报、咖啡主题书展、咖啡优惠、咖啡品鉴、咖啡师培训、咖啡技能竞赛、咖啡店等级评定等150种主题活动，后续将陆续亮相。

今年20＋咖啡新书单中推介的书大多是近两年出版的，囊括了从咖啡豆基本识别到萃取、冲泡、拉花、品鉴等一系列咖啡知识，结合书店＋咖啡的经营特点，推荐了《咖香书香在上海》《咖啡星人指南》《杯中的咖啡：一种浸透人类社会的嗜好品》等新书。

其中，陈祖恩教授撰写的《上海咖啡：历史与风景》以第一手资料、生动的文字，阐述了20世纪20年代至40年代上海咖啡文化的多样性与包容性，既有西区咖啡的异国情调、静安寺路咖啡的时尚，也有南京路商业圈和苏州河北岸的咖啡人文特色，还原了咖啡文化在上海的形形色色；《咖啡馆招牌饮品》介绍了35种手调基底制作及100种家庭饮料；《咖啡馆沙拉101》揭开了咖啡馆沙拉美味的秘密，介绍了沙拉的基本组合方式、若干种沙拉基础调味汁的配方、调制方法，拓展了咖啡文化。

上海市书刊发行行业协会今年首度和云南保山咖啡品牌合作推广，在20多家参展书店向读者赠送世界顶级的保山小粒咖啡1000杯。读者当日单次消费满80元（不含咖啡）即可获赠一杯。同时还有多种组合优惠，使市民读者在"畅饮"的同时获得更多的惊喜。

（看看新闻2023年5月23日）

申城书店咖香四溢，
80家书店开启150项咖啡文化活动

◎颜维琦

5月22日，"上海咖香，洋溢世界 | 上海书香，洋溢大地"系列活动暨"百年百款西式咖啡器皿特展"在上海香港三联书店揭幕。沪上80家书店开启150项咖啡文化系列活动，申城书店咖香四溢。

本次系列活动通过发布20＋咖啡新书单、设计发布个性化海报、咖啡主题书展、咖啡优惠、咖啡品鉴、咖啡师培训、咖啡技能竞赛、咖啡店等级评定等举措，以书传递咖啡知识，擦亮申城"咖啡城市名片"。

大夏书店、建投书局、世纪朵云旗下书店、西西弗、钟书阁等80家沪上主要商圈的品牌实体书店将展示相关咖啡主题图书约20—100种。结合书店＋咖啡的经营特点，今年推介的书单包括《咖香书香在上海》《咖啡星人指南》《杯中的咖啡：一种浸透人类社会的嗜好品》等近年来出版的新书。此外，还有关于咖啡豆从基本识别到萃取、冲泡、拉花、品鉴等一系列咖啡知识的书籍。

书单中，陈祖恩撰写的《上海咖啡：历史与风景》，以第一手资料，生动描绘了20世纪20年代至40年代上海咖啡文化的多样性与包容性，既有西区咖啡的异国情调、静安寺路咖啡的时尚，也有南京路商业圈和苏州河北岸的咖啡人文特色，还原了咖啡文化在上海的形形色色。

上海香港三联书店举办的"百年百款西式咖啡器皿特展"呈现百款以花式骨瓷为主，兼有描金、手绘的咖啡器皿。其中有不少知名品牌，如英国皇室御用品牌、世界十大名瓷之一——Aynsley，精致瓷器——韦奇伍德（Wedgwood）以及皇家阿尔伯特（Royal Albert）、皇家Stafford（Royal Stafford）等。

上海市书刊发行行业协会相关负责人介绍，获得国家地理标志产品的云南保山咖啡品牌也将参与今年咖啡文化周，通过20多家参展书店向读者赠送保山小粒咖啡1000杯。此外，一系列咖啡讲座、体验活动同步推出。新华文创·光的空间将邀请知名咖啡讲师于5月26日进行手冲咖啡体验沙龙暨咖啡&阅读分享活动；交大书院联合交大农学院举办咖啡知识讲座。建投书局推出"传记咖啡馆·带上咖啡去旅行"活动，从上海的北外滩港口出发，通过海上航线探访全球四个咖啡产地（埃塞俄比亚、巴西、印度尼西亚、中国云南），在书籍和咖啡的香气中领略不同地域的咖啡文化，开启一场咖啡文化旅行。

（《光明日报》2023年5月24日）

亮点精选

云南保山的咖啡在上海22家书店芳香洋溢

今年咖啡文化周期间，选择了22家参与咖啡文化周活动的书店向读者赠送现磨的保山小粒咖啡1000杯。读者当日单次消费满80元（不含咖啡）即可获赠一杯。

通过张贴全市统一的海报和介绍，使很多读者品尝了云南保山咖啡，一些"咖迷"更是赞不绝口。以下是部分书店抓拍的场景图：

朵云书院旗舰店

新华文创·光的空间

艺术书坊

复旦经世书局

大众书局

建投书局·上海浦江店

上海书城五角场店

上海书城九六广场店

二酉书店

新华书店日月光店

百新书局缤谷店

钟书阁徐汇店

交大书院

大夏书店

悦悦书店

1927·鲁迅与内山纪念书局

大隐书局前滩店

思南书局

读者·壹琳文化空间

读者·外滩旗舰店

钟书阁泰晤士店

上海市图书销售行业
开展书店＋咖啡经营等级评审

　　上海市书刊发行行业协会为了规范实体书店的咖啡经营，充分体现书店经营咖啡的个性特色，经过多年的努力，2022年8月发布了《上海市出版物发行行业咖啡服务标准》（以下简称《标准》，详见《咖香书香在上海》2023年2月学林出版社出版），这是中国出版物发行业首个咖啡专业服务标准，对于推动实体书店融合发展、助力上海打造咖啡品牌具有重要价值。

　　咖啡已经成为上海市民的重要生活方式、上海这座城市的国际新名片。上海目前已有近百家书店从事咖啡经营，参照《标准》运行以来，无论是环境打造、咖啡品质，还是人员素质、活动营销都有所提升。

在2023年5月20日至6月2日第三届上海咖啡文化周期间，上海市书刊发行行业协会参照《标准》开启"上海市图书销售行业书店＋咖啡经营等级评审"活动。评审组由咖啡行业专家、研究人员、咖啡从业人员、行业管理人员等组成。

1. 5月22日至5月25日，经营单位自荐并经协会审定，确定书店＋咖啡经营单位进入等级评审。截至5月26日，有25家书店报名接受等级评审。

2. 5月26日至6月2日，评审组进行巡访。

3. 6月3日至6月15日，评审组进行打分评审。

4. 6月底，揭晓上海市图书销售行业书店＋咖啡经营等级评审结果，颁发证书。

等级评审现场

书＋咖啡不仅要常态化经营，也要常态化监管

上海市图书销售行业书店＋咖啡经营等级评审进入终审

上海市书刊发行行业协会在5月20日至6月2日第三届上海咖啡文化周期间开启"上海市图书销售行业书店＋咖啡经营等级评审"活动，25家经营咖啡的书店通过自荐并经协会审定，确定进入书店＋咖啡经营等级评审。

7月6日，协会召开上海市图书销售行业书店＋咖啡经营等级评审会，对评审工作进行终审总结。2022年8月，协会发布了《上海市出版物发行行业咖啡服务标准》（以下简称《标准》，《咖香书香在上海》2023年2月由学林出版社出版），是中国出版物发行业首个咖啡专业服务标准，对于推动实体书店融合发展、助力上海打造咖啡品牌具有重要价值。5月26日至6月2日期间，协会邀请咖啡行业专家、研究人员、咖啡从业人员、行业管理人员等组成评审组

对所有参评书店进行了巡访和打分初评：朵云书院系列五家书店，咖啡品质很好，个性产品多。如旗舰店和广富林店都有独家产品。读者书店两家书店，咖啡品质挺好，有独家logo拉花，以及独创的桂花树咖啡产品，布置比较文艺、温馨。

新华书店系列咖啡从业人员大都经过培训，用咖啡资深人士的评价"像那么回事"。环境布置大多比较中规中矩。大隐书局系列五家店咖啡品质稳定，每家店的定位不同，布置比较有特色。大众书局咖啡经营比较有特色，大夏书店和立信书局、交大书院都很用心经营，咖啡师比较专业，有的参加行业比赛获得较高名次。

值得肯定的是各家店根据自身特色因地制宜，努力经营，出现和咖啡经营混搭的和谐格局。很多书店有自己特色咖啡饮料，咖啡杯等有自身品牌标志。但也发现个别书店因卫生检测没到位，没有笑脸标识等。上海市新闻出版局印刷发行处副处长、二级调研员王延水表示，书店的氛围很适合和咖啡紧密结合，书＋咖啡不仅要常态化经营，也要常态化监管。协会发布的《标准》在全国起到了示范作用。会上，评委们对25家书店进行了咖啡经营等级评审。

第三届上海咖啡文化周"上海咖香，洋溢世界｜上海书香，洋溢大地"活动光荣榜发布评出32家先进单位等奖项

7月14日，上海市书刊发行行业协会在上海外文书店召开2023年上半年度先进表彰大会。会上，"上海咖香，洋溢世界｜上海书香，洋溢大地"活动先进单位揭晓。

2023年5月20日至6月2日第三届上海咖啡文化周期间，上海市书刊发行行业协会、上海联合书业会展有限公司组织全市80家品牌实体书店推出了"上海咖香，洋溢世界｜上海书香，洋溢大地"系列活动，以营造浓厚的咖啡书香文化氛围，夯实"咖啡文化"世界名片，推动文化和消费的深度跨界融合，提升市民读者从业人员的

参与度和获得感。作为年度市级重要展览展示活动，获得了圆满成功。

为鼓励表现卓著的书店和个人，经参展单位申报、初评、总评，对下列先进书店，以及优秀海报、专柜展陈进行表扬，并予以奖励。

具体名单如下：

一、先进单位（32家）

艺术书坊、上海香港三联书店、朵云书院·戏剧店、读者·外滩旗舰店、二酉书店、馨巢书屋、西西弗书店上海世茂国际广场店、新华书店徐汇日月光店、钟书阁徐汇店、立信书局、交大书院、百新书局缤谷广场店、中版书房·长宁店、现代书店静安嘉里中心旗舰店、作家书店、西西弗书店上海大悦城店、大夏书店、1925书局、建投书局·上海浦江店、上海书城五角场店、大众书局合生店、悦悦书店、复旦经世书局、博林书店、读者·壹琳文化空间、新华文创·光的空间、大众书局维璟店、上海书城九六广场店、朵云书院·旗舰店、大隐书局·前滩店、钟书阁泰晤士店、大隐书局·九棵树艺术书店。

二、海报（10家）

"上海咖香，洋溢世界 | 上海书香，洋溢大地"海报征集共收到45幅作品，分四辑在"上海书展"微信公众号发布。经评审，下列10家单位海报荣获优秀作品：

上海世纪朵云文化发展有限公司、上海钟书实业有限公司、衡山·和集、上海香港三联书店、二酉书店、1927·鲁迅与内山纪念书局、上海上生新所　茑屋书店、新华文创·光的空间、上海书城九六广场店、上海市书刊发行行业协会。

三、专柜展陈（10家）

　　"上海咖香，洋溢世界 | 上海书香，洋溢大地"专柜展陈征集共收到51张照片，上海书展微信公众号发布37篇。经评审，下列10家单位专柜展陈照片荣获优秀专柜展陈：

　　上海香港三联书店、新华书店徐汇日月光店、上海书城长宁店、新华文创·光的空间、1927·鲁迅与内山纪念书局、大隐书局·九棵树艺术书店、钟书阁徐汇店、现代书店静安嘉里中心旗舰店、复旦经世书局、读者·壹琳文化空间。

　　向32家先进单位店长各颁发2000元奖金、10家优秀海报设计者各颁发800元奖金、10家专柜展陈设计者各颁发800元奖金。

上海市图书销售行业书店＋咖啡经营等级光荣榜发布
20家书店成为上海首批三星级单位

7月14日，上海市书刊发行行业协会在上海外文书店召开2023年上半年度先进表彰大会。会上，20家上海市图书销售行业书店＋咖啡经营等级三星级单位被授牌，成为上海首批三星级单位。

上海市书刊发行行业协会在第三届上海咖啡文化周期间，开启了"上海市图书销售行业书店＋咖啡经营等级评审"活动，依据中国出版物发行业首个咖啡专业服务标准《上海市出版物发行行业咖啡服务标准》，由10位咖啡行业专家、研究人员、咖啡从业人员、书店管理人员等组成评审组，对所有参评书店进行了巡访和打分初评、复评，终审评出20家"上海市图书销售行业书店＋咖啡经营等级"三星单位，并授予铭牌。获得首次"上海市图书销售行业书店＋咖啡经营等级"三星级名单如下：

朵云书院旗舰店

新华文创·光的空间

读者·壹琳文化空间

大隐书局前滩店

大隐湖畔书局

南村映雪

思南书局诗歌店

朵云书院·戏剧店

朵云书院广富林店

思南书局

读者·外滩旗舰店

大隐书局·九棵树艺术书店

新华书店日月光店

大众书局上海维璟广场店

上海书城九六广场店

大夏书店

艺术书坊

大隐书局金山张堰店

交大书院

上海百新书局缤谷广场店

上海，20家值得信赖的书店＋咖啡店

咖啡已经成为上海市民的重要生活方式，也是上海这座城市的国际新名片。上海目前已有近百家书店从事咖啡经营。

第三届上海咖啡文化周期间，上海市书刊发行行业协会开启了"上海市图书销售行业书店＋咖啡经营等级评审"活动，依据中国出版物发行业首个咖啡专业服务标准《上海市出版物发行行业咖啡服务标准》，由10位咖啡行业专家、研究人员、咖啡从业人员、书店管理人员等组成评审组，对所有参评书店进行了巡访和打分初评、复评，终审评出20家"上海市图书销售行业书店＋咖啡经营等级"三星单位，并授予铭牌。

上海，20家值得信赖的书店＋咖啡店的招牌特饮公布了，快出发去打卡吧！

朵云书院旗舰店

营业时间：10:30-20:00

地址：上海市浦东新区陆家嘴街道银城中路501号上海中心大厦52楼

电话：18616229936

地球拿铁 / 48元

采用新鲜的牛油果泥搭配蓝柑与浓缩，口感清甜绵密，仿佛把地球做进了咖啡里，强烈推荐给喜欢牛油果的人士。

桂花酒酿拿铁 / 48元

粒粒酒酿的清甜加上桂花的清香，搭配上香醇的浓缩，口感顺滑不甜腻、层次丰富。芳香十足，每一口都能给味蕾带来惊喜。

新华文创·光的空间

营业时间：10:00-20:00

地址：上海市闵行区爱琴海购物公园新华文创·光的空间F701

电话：13916836766

作家酒单 / 68-88元

"光的空间作家酒单"第一季共推出7款鸡尾酒，包括：灵感源自巴金散文《日出》、色泽模拟太阳跃出海面般渐变明亮的"海上的'日出'";狄更斯最为中意且在其小说《马丁·瞿述伟》中令同名主人公迫不及待一饮而尽的"雪莉库伯乐"。光的空间还特别在吧台陈列与"作家酒单"呼应的配套书籍,阅读与品酒同步,营造沉浸式观感。

凤梨冷萃咖啡 / 38元

　　本款凤梨冷萃咖啡,采用了特殊的处理方法,将哥斯达黎加和埃塞豆的醇香与鲜榨凤梨汁的酸甜感完美融合。在炎炎夏日,它为读者献上清凉怡人、层次丰富的口感体验。通过冷萃技法,咖啡的苦味与酸味得到了优美的平衡,口感清爽且香气浓郁。尝一口,你会感受到凤梨的清甜,以及咖啡豆的浓郁香气,让你在夏日时节中畅快享受。

读者·壹琳文化空间

营业时间：9:00-22:00

地址：上海市宝山区罗芬路989弄2号

电话：13585654930

读者咖啡 / 32元

这是一杯带有"读者"logo的拿铁。读者咖啡的制作原豆选用的咖啡豆品牌叫"黑洞"，它是2013年度世界烘焙亚军独家配制，经历了52次测试、尝试配方用豆18款，造就了它醇香厚实的美味口感。浓郁又香甜的黑巧克力、轻微美好的烟熏风味、黑糖感与恰到好处的低酸度，是图书的绝配。书香与咖啡香气交融，眼前闪回的是，脑海中那些年与"读者"有关、微微泛黄的青葱岁月。品一杯读者咖啡，在追求更好的咖啡品质同时，为书香阅读增添了一份仪式感。

桂花咖啡 ／ 30元

"人闲桂花落，夜静春山空"，读者·壹琳醇香桂花拿铁在精选"黑洞"咖啡原豆醇香厚实的美味口感基础上，增加原浆桂花酱的甜美清香，将咖啡的香气与桂花的清新碰撞，绵密香浓的奶泡之上采用可食用干桂花，精心勾勒出一棵繁茂的金桂，让顾客在视觉和味觉上和我们共享这刻沁润心脾的芬芳。

大隐书局前滩店

营业时间：10:00-20:30

地址：上海市浦东新区梁月路99号

电话：13816714037

手冲咖啡 ／ 48元

书店到底是和茶香相配，还是和咖啡香更融合？在大隐书局前滩店的隐饮区，或许你可以多样尝试。这里不仅有茶、有咖啡，

还有夜里令人迷醉的美酒。书香邀请读者们遨游在他人的人生体验中，或是温情或是玄幻，亦或者充满悬疑。而在茶香里放松了心情，将恼人的问题统统抛之脑后，只在乎当下的惬意。咖啡香醇厚悠扬，恰似最爱的那本书带来的悠远绵长的回味与感动。

大隐湖畔书局

营业时间：10:00—20:00

地址：上海市浦东新区南汇新城镇环湖西一路399号

电话：18960449953

鲜橙气泡美式 / 32元

夏日来杯冰凉凉的气泡水，再加上果味再加上咖啡，一个字——爽。酸甜果香搭配口感饱满醇香的espresso；美妙被放大，清爽在口腔中瞬间绽开，活力加"橙"。

南村映雪

营业时间：10:00-17:30

地址：上海市松江区泗泾镇开江中路377号

电话：13661733412

"南村"和"映雪" / 48元

店内的特色咖啡"'南村'和'映雪'"，是由六种不同产地和品种的豆子经专业的烘焙师拼配而成，萃取出的咖啡液有着丰富油脂、口感干净且余韵悠长。坐在露天小木桌上，点上一杯醇香的咖啡，让人沉浸于古色古香的建筑之中。

思南书局诗歌店

营业时间：10:30-18:00（周三店休）

地址：上海市黄浦区皋兰路16号

电话：18616229936

"梦里花落知多少" / 42元

当你品尝这款"梦里花落知多少"的特调饮品时，你会感受到诗歌店所倡导的文学气息和对生命的热爱。这款饮品选用了石榴汁、草莓汁、柠檬汁、红茶和薄荷叶等精选原料，完美地展现了

诗歌的细腻和艺术的精致。灵感来自三毛现代诗《梦里花落知多少》，象征着未实现的梦想都会有花朵的陪伴，传达了积极向上的生命态度。

"你的灵魂的颜色" / 42元

"你的灵魂的颜色"气泡水，是一款以胡安·拉蒙·希梅内斯的诗歌为灵感而研发的饮品。这款气泡水将海南小青柠、柠檬糖浆、接骨木花糖浆、肉桂棒、新鲜香茅草、苦橙糖浆、跳舞兰和姑娘果等多种原材料精心调配而成，呈现出一种渐变的、淡淡的橘红、橙色的色调。它的口感清新饱满、气泡丰富。这款气泡水通过"你的灵魂的颜色"这个比喻形象地表达了对心爱之人深情依赖的感觉。

朵云书院·戏剧店

营业时间：10:30-21:00（周二店休）

地址：上海市黄埔区长乐路398号

电话：18616229936

梁山伯 / 42元

这款咖啡灵感来自于梁祝传奇，以男性梁山伯与女性祝英台两个视角来创意出两款搭配的饮品与甜品。梁山伯特调咖啡以梁山伯的视角，为您打造一杯口感浓郁、香甜顺滑的咖啡。选用双份浓缩咖啡来保证咖啡本身的浓郁和深度，同时加入巧克力酱和椰蓉，让您感受到甜蜜和清新，同时也为您的味蕾带来多层次的口感体验。在鲜牛奶和咖啡中加入红糖，为您带来温暖的感受，使您的味蕾更加柔顺。最后用串钱藤来装饰这杯咖啡，让您感受到爱情的浪漫和跨越。这杯梁山伯特调咖啡的口感绵长，余韵无穷，让您在品尝的过程中，更能感受到梁祝之间的真挚感情。

"仲夏夜之梦" / 42元

这款饮品是以莎士比亚的名作《仲夏夜之梦》为灵感，融合了草莓、薄荷、柠檬和芒果等水果与香草的味道，既清新又有层次感，口感柔顺，同时还带有一点点酸味，让人感受到剧中人物的情感波动和戏剧性。喝下这杯饮品，你仿佛就置身于剧中人物的情感世界中，感受到戏剧的独特魅力。

朵云书院广富林店

营业时间：9:30-18:00

地址：上海市松江区广富林路3088弄7号22栋

电话：18616229936

兰亭墨香拿铁 / 42元

行云流水的《兰亭序》令人神往其书写时的不凡气度，该500ml新中式风格墨香杯将挥毫泼墨的这份洒脱绘在杯面，冷热咖啡均可盛装，喝一杯拿铁咖啡，你会遇见不一样的美。茶香缭绕，瓷杯轻启，于广富林卸去浮华；白纸铺就，墨迹芬芳，于静谧中感受墨香。

思南书局

营业时间：10:30-18:00（周一店休）

地址：上海市黄埔区复兴中路517号

电话：18616229936

"苦难不值得追求" / 42元

这款特调咖啡不仅仅是一杯普通的饮品，它将余华小说《活着》中的名言"苦难不值得追求"融入其中，奶咖搭配红糖以柔和甜美的口感和微微的苦涩味道，寓意人生的酸甜苦辣。而咖啡杯上的名言也是对生命深刻的思考和对人生哲学的探讨。玫瑰花瓣和巧克力碎片的装饰，则赋予了这杯咖啡极致的艺术感。在思南书局店内，这款特调咖啡的命名和设计充分融合了文化、艺术和文学的元

素，将顾客带进一个充满精神追求的世界。这里，不仅能品尝到精致的特调咖啡，更能与阅读和文化相结合，享受生活的美好。

读者·外滩旗舰店

营业时间：10:30-22:00

地址：上海市黄浦区九江路230号1楼

电话：15121116472

读者咖啡 / 36元

咖啡选用100%阿拉比卡咖啡豆，带有巧克力、果香和花香的独特氛围。"读者咖啡"在香浓拿铁之上镌刻出读者朋友们阅读记忆中最熟悉、最亲切的logo——"读者"与"小蜜蜂"，这是《读者》杂志的印记，也是每一位读者的"身份证"，是独属于读者书店的"读者咖啡"。

莓莓夏威夷 ／ 33元

葡萄与树莓在这里重逢，海风热烈清甜，水波凉爽深邃。世界触手可及，人也亲密直接。读者书店夏季特调果茶，酸甜可口，果肉、爆珠与晶球激发缤纷口感，一口清爽，在夏日感受海风般的热烈清甜。

大隐书局·九棵树艺术书店

营业时间：10:00-20:00

地址：上海市奉贤区树桓路199弄11号

电话：13636600828

拿铁 ／ 29元

今年已售出4200杯，占咖啡饮品销售第一！门店引进英国老牌咖啡——COSTA，借鉴了优质的咖啡工艺，采用摩卡意大利经典咖

啡豆拼配配方，经过严选低温慢速烘焙的工艺，最大程度地保留咖啡豆的天然油脂和香气，加上丝滑的奶泡，奶香浓郁，风味醇厚！

新华书店日月光店

营业时间：10:00-22:00

地址：上海市徐汇区漕宝路33号徐汇日月光2楼

电话：13801651775

薄荷冰拿铁 ／ 35元

日月光特调系列。这款薄荷冰拿铁，夏天特别受欢迎。在这炎热的夏天，喝一杯清清凉凉的冰薄荷拿铁，赶走闷热的暑气。一口下去冰冰凉凉，夏日必备。

黑武士 ／ 25元

黑武士饮品，采用了一萃到底方法，相对于普通的美式，突出了咖啡的的浓郁、苦感，更加提神醒脑，是白领人士的最爱。

大众书局上海维璟广场店

营业时间：10:00-22:00

地址：上海市闵行区七莘路1507号L2层02-005号商铺

电话：021-63223587

纸品冰摇咖啡 / 38元

"纸品冰摇咖啡"（ICED SHAKEN PAPER COFFEE），是一款赏玩咖啡，随着时间咖啡泡沫层发生变化，寓意着珍惜时间，劳逸结合。

纸品书香咖啡 / 38元

纸品咖啡品牌的创立是大众书局从传统书店向商业拓展的尝试，创立于2012年，咖啡豆选自哥伦比亚、巴西和中国云南的100%

阿拉比卡咖啡豆，有坚果、黑巧克力风味，苦香味足，醇厚度高。主打一款"纸品书香咖啡"（PAPER COFFEE），口感是先苦涩后香甜，寓意着读书人先苦后甜的人生经历。

上海书城九六广场店

营业时间：9:30-21:00

地址：上海市浦东新区东方路796号九六广场B1

电话：13764977749

芒果拿铁 ／ 38元

今夏推出了果咖系列，其中芒果味最受读者亲睐，可以很清楚地看到芒果、牛奶、咖啡的分层，不搅拌喝，味道很有层次感，先是芒果肉再是咖啡口感。搅拌喝就是咖啡和芒果综合，别有一番风味。

碧根果巧克力牛奶 / 38元

这款碧根果巧克力牛奶是小朋友的最爱，冷热皆可，牛奶配上浓浓巧克力酱和碧根果口味，香甜可口，能为人体生命活动提供能量，更适合体力消耗过多者食用。

大夏书店

营业时间：9:00-21:00（周一至周五）

　　　　　10:00-21:00（周末及节假日）

地址：上海市普陀区中山北路3653号

电话：13611772502

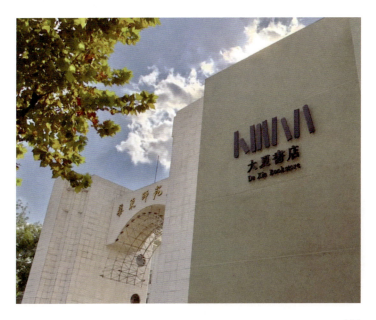

治愈拿铁 / 32元

咖啡与抹茶相结合，降低抹茶的苦味，突出咖啡的风味，口感很独特，很多"抹茶星人"特别喜欢。

桂花乌龙拿铁 / 35元

桂花乌龙拿铁也是我们的特调饮品，加入乌龙茶茶叶和桂花浸泡过的茶叶水做基底液，然后再加入咖啡浓缩，打发牛奶，进行融合拉花。乍一看，就是普通的拿铁，但是端起来，就能闻到淡淡的桂花清香，再入口，先是咖啡与牛奶的甘甜，紧接着乌龙茶的清甜也涌上舌尖，然后又能品到桂花香。

艺术书坊

营业时间：9:30-18:00

地址：上海市黄浦区福州路424号

电话：021-63220825-616

斑斓椰香拿铁 / 36元

斑斓叶又名香露兜，叶有棕香，属常绿草本植物。熬煮成浓糖糖浆，加上醇厚的椰乳。再滴入意式浓缩咖啡，一杯完美的斑斓椰香拿铁便制作而成 。咖啡的浓郁，椰乳的香醇，斑斓叶糖浆的清甜，看似不可能的组合，却完美的相融相衬，让咖啡有了无限可能。

抹茶拿铁 / 36元

嫩芽蒸青、天然研磨、采用蒸汽杀青，形成了抹茶特殊的香气和口感。其主要由茶多酚、氨基酸组成，又因其颜色鲜艳可爱，所以受到了很多人的喜爱，适当的抹茶粉加入牛奶冲煮，简单纯粹，在牛奶的加持下，最能直观地感受抹茶所带来的魅力。

大隐书局金山张堰店

营业时间：9:00-18:00

地址：上海市金山区张堰镇张堰大街300号

电话：13564549734

拿铁咖啡 / 29元

经典拿铁咖啡，本店销量第一。经典才是久经推敲的特色之选。古朴沉静的店内环境，配上一杯出品稳定、香浓醇厚、口感纯粹的拿铁咖啡，是很多顾客的进店首选。

交大书院

营业时间：9:00-20:00（周一至周四）

　　　　　　9:00-21:00（周五至周日）

地址：上海市徐汇区番禺路951号

电话：15026865688

桂花冻拿铁 / 23元

清香的桂花味奶冻搭配牛奶再和浓郁的咖啡融合在一起，一半入夏，一半待秋。

生椰拿铁 / 23元

一款夏日人气生椰拿铁，以椰子和牛奶为主调再加上浓郁的咖啡浓缩，爱生活的炙热，也爱生椰的冰爽柔顺。

上海百新书局缤谷广场店

营业时间：10:00-22:00

地址：上海市长宁区天山路345号缤谷广场东二楼

电话：021-52999296

果咖系列 ／ 35元

果咖系列的拿铁主要配料是常规拿铁外加不同的水果果酱，分别是芒果、桃子、荔枝和山楂，让咖啡的口感层次更丰富。除了咖啡豆固有的香气外，还有水果的清香和甜味。冰饮方式更爽。

米椰拿铁 ／ 30元

这款也是适合夏季的咖啡系列产品，主要原料除了浓郁的咖啡豆外，用椰奶代替了传统的牛奶，使饮品不失原有的丝滑口感和自有清淡的甜味外，还有阵阵的椰香。冰饮和热饮都可以。

首届上海出版物发行行业咖啡技能竞赛开赛，60位选手角逐一二三等奖

书店＋咖啡已经成为上海新书店的标配，有的书店甚至会设立2-3个咖啡专区为读者休闲、阅读、品尝咖啡的空间。11月9日，上海市书刊发行行业协会在市委宣传部的指导下参与第三届上海咖啡文化周的"压轴"项目——2023上海出版物发行行业咖啡技能竞赛，有40多家书店、60位选手同台竞技，通过竞赛力争以最好的技术、最美的味道不负市民读者的口味。

上海市书刊发行行业协会在第三届上海咖啡文化周期间邀集80家品牌实体书店推出了"上海咖香，洋溢世界 | 上海书香，洋溢大地"系列活动，通过发布20＋咖啡新书单、设计发布个性化海报、咖啡主题书展、咖啡优惠、咖啡品鉴、上海市图书销售行业书店＋咖啡经营等级评定等，以活动引领书＋咖啡销售，促进阅读文化建设。

随着书店＋咖啡成为新书店的标配和咖啡销售的日益增长，对行业咖啡从业人员的职业素养也有了更高的要求。为促进咖啡从业人员整体素质的提高，树立岗位创新意识与精益求精的"工匠精神"，通过"以赛促练"，培养优秀的技能型员工。参赛选手以本

市出版发行企业在编在岗员工为主，不收取报名费、参赛费等。竞赛内容分为咖啡拉花、创意咖啡饮品二个项目。

本次竞赛邀请了行业内的咖啡从业骨干、资深的咖啡培训师和讲师，经过五个多小时、十轮的竞赛，在现场决出了一等奖获得者为光的空间临港店丁肖庆、二等奖获得者为上海书城长宁店陈烨、三等奖获得者为立信书局陈东耀，优胜奖获得者为大众书局上海禹洲店许鑫星、朵云书院旗舰店顾问等六位，鼓励奖获得者为上海书城九六广场店王丽莉、大众书局上海维璟广场店陈清漪等九名。并为获奖者颁发奖牌和奖金。

本次竞赛以"一杯子 咖香书香"为主题，力求通过高品质的一杯咖啡洋溢咖香书香，也寓意着参赛选手一辈子为咖香书香而尽力。同日，在"上海书展"微信公众号上推出的18幅主题海报评选活动，经过近两千位网友投票，评出前六位为：立信会计出版社有限公司、上海大隐书局有限公司、上海元真文化传媒有限公司、上海新融文化产业服务有限公司、上海邃雅文化传媒有限公司、上海图书有限公司。

上海市书刊发行行业协会无论是制定和发布中国出版物发行业首个咖啡专业服务标准《上海市出版物发行行业咖啡服务标准》、开展"上海市图书销售行业书店＋咖啡经营等级评审"活动，还是举办上海出版物发行行业咖啡技能竞赛，目的都是为了推动实体书店融合发展，使书店＋咖啡在营造公共文化空间的进程中更加规正、更加引流、更加赋能。

上海市书刊发行行业协会荣获最佳合作伙伴奖

6月10日，2023上海咖啡文化周闭幕。上海市书刊发行行业协会荣获最佳合作伙伴奖。

5月20日至6月10日，由市委宣传部、市商务委等指导的第三届上海咖啡文化周在全市举行。上海市书刊发行行业协会积极参与，营造浓厚的咖啡书香文化氛围，为擦亮"咖啡城市名片"做贡献，使书店＋咖啡通过上海咖啡文化周而更加规正、更加引流、更加赋能。5月22日，"上海咖香，洋溢世界 ｜ 上海书香，洋溢大地"

系列活动暨"百年百款西式咖啡器皿特展"在上海香港三联书店举行。市委宣传部发改办主任刘海英、上海市出版协会理事长胡国强、世纪出版集团副总裁彭卫国、上海市委宣传部印刷发行处处长曾原、长三角咖啡行业协会会长丁山等出席。"百年百款西式咖啡器皿特展"通过呈现百款咖啡器皿展现了咖啡文化在全球演绎的历程。

全市主要品牌实体书店包括光的空间、艺术书坊、大夏书店、中版书房、读者书店、建投书局等独立门店，上海新华传媒连锁旗下书店、世纪朵云旗下书店、西西弗、钟书阁、大隐书局、大众书局等上海本地和全国连锁书店共80家品牌实体书店通过多种形式的组合优惠、150多项营销活动，推介了自身阅读品牌，以书香传递咖啡知识，以活动带动书＋咖啡销售。协会同步推出了1＋1海报展示（1为活动主海报＋1为参展书店自创个性海报），参展书店自行设计、发布个性化海报，并在店堂、微信

等进行张贴推广；发布第三届上海咖啡文化周20＋咖啡新书单，作为本次系列活动的重点推荐书目；推出咖啡文化读物展陈；支持国产咖啡，指定云南保山8家企业的品牌咖啡1000杯，通过22家参展书店赠送读者……

协会在咖啡文化周期间首推咖啡店等级评定活动。根据2022年8月发布的《上海市出版物发行行业咖啡服务标准》，5月22日至25日，由咖啡经营单位自荐并经协会审定，确定25家书店＋咖啡经营单位进入等级评审。6月底将揭晓上海市图书销售行业书店＋咖啡经营等级评审结果，颁发证书。本次活动得到了新华网、中国新闻网、《光明日报》、《解放日报》、《文汇报》、《新民晚报》、上海电台、看看新闻、澎湃新闻、东方网、《中国新闻出版广电报》、《中国出版传媒商报》等媒体的密集发布。"上海书展"微信公众号每天发布相关信息，同时发布参展书店提供的微信推文。

上海市书刊发行行业协会在实施"上海咖香，洋溢世界｜上海书香，洋溢大地"活动中得到了市委宣传部等领导部门的大力支持和鼓励。作为年度一项重点工作，也取得了一定的成效，但如何以咖啡为支点、撬动消费热度，对于书业咖啡经营者还有诸多挑战，为了使书店＋咖啡在营造公共文化空间的进程中更加规正、更加引流、更加赋能，仍将不忘初心继续前行。

活动综述

"上海咖香，洋溢世界 ｜ 上海书香，洋溢大地" 系列活动方案

2023年5月20日至6月2日，由市委宣传部、市商务委等指导的第三届上海咖啡文化周在全市举行。上海市书刊发行行业协会、上海联合书业会展有限公司积极参与并推出"上海咖香，洋溢世界 ｜ 上海书香，洋溢大地"系列活动，以营造浓厚的咖啡书香文化氛围，为擦亮"咖啡城市名片"作出贡献，使书店＋咖啡通过上海咖啡文化周而更加规正、更加引流、更加赋能。

具体方案如下：

一、主办单位

上海市书刊发行行业协会

二、协办单位

上海联合书业会展有限公司

三、参加书店

全市80家品牌书店

四、活动日期

5月20日至6月2日

五、活动主题

上海咖香，洋溢世界｜上海书香，洋溢大地

六、活动内容

1. 征集并确定80家品牌书店为本次活动的参与者（名单另附）。

2. 推出1＋1海报展示（1为活动主海报＋1为参展书店自创个性海报），要求参展书店设计、发布个性化海报，并在店堂、微信等进行张贴、发布。

3. 发布第三届上海咖啡文化周20＋咖啡新书单，作为本次系列活动的重点推荐书目。

4. 推出咖啡文化读物展陈，以"20＋咖啡新书单"为基础，结合书店特色拓展进行展销，重点选择20家参展书店全品种展示20＋咖啡书单。

5. 推出咖啡优惠，由各店自行推出丰富、多元的与出版物营销相结合的优惠活动。

6. 为了支持国产咖啡，指定选购云南保山8家企业的品牌咖啡1000杯，通过20家参展书店赠送读者。读者须当日单次消费满80元（不含咖啡）赠送一杯。

7. 为规范提升咖啡从业人员的水准，筹办行业咖啡师职业技能培训（中级班），为明年参加国家咖啡师考核做准备。

8. 举办书香咖啡竞赛，组织员工进行咖啡手冲、拉花、美式、烘焙竞赛。

9. 百年百款西式咖啡器皿特展，5月22日至6月4日在上海香港三联书店举行。由协会主办、沪港三联书店承办、长三角咖啡行业协会协办。

10. 根据2022年8月发布的《上海市出版物发行行业咖啡服务标准》，首推由书店自荐、专业评审的书店＋咖啡经营等级评审。

七、评选办法

对本次系列活动的开展情况组织专家进行检查、评选并予以表彰。

2023年5月16日

"上海咖香，洋溢世界｜上海书香，洋溢大地"系列活动总结

2023年5月20日至6月10日，由市委宣传部、市商务委等指导的第三届上海咖啡文化周在全市举行。上海市书刊发行行业协会、上海联合书业会展有限公司积极参与，以营造浓厚的咖啡书香文化氛围，为擦亮"咖啡城市名片"作出贡献，使书店＋咖啡通过上海咖啡文化周而更加规正、更加引流、更加赋能。

"上海咖香，洋溢世界｜上海书香，洋溢大地"系列活动暨"百年百款西式咖啡器皿特展"于5月22日下午在上海香港三联书店举行。上海市委宣传部发改办主任刘海英、上海市出版协会理事长胡国强、世纪出版集团副总裁彭卫国、上海市委宣传部印刷发行处处长曾原及长三角咖啡行业协会会长丁山等嘉宾出席。"百年百款西式咖啡器皿特展"呈现的百款咖啡器皿以花式骨瓷为主，兼有描金、手绘。

80家品牌实体书店参加本次活动，包括光的空间、艺术书坊、大夏书店、中版书房、读者书店、建投书局等独立门店，也有上海新华传媒连锁旗下书店、世纪朵云旗下书店、西西弗、钟书阁、大

隐书局、大众书局等上海本地和全国连锁书店。为顺利开展活动，协会分别召开参展推进会进行具体落实，80家品牌实体书店在上海咖啡文化周期间推出150多项营销活动，通过多种形式组合优惠，推介自身阅读品牌。

以书香传递咖啡知识，以活动带动书＋咖啡销售。推出1＋1海报展示（1为活动主海报＋1为参展书店自创个性海报），参展书店通过自行设计、发布个性化海报，并在店堂、微信等进行张贴、发布；发布第三届上海咖啡文化周20＋咖啡新书单，作为本次系列活动的重点推荐书目；推出咖啡文化读物展陈，以"20＋咖啡新书单"为基础，结合书店特色拓展进行展销，重点选择20家参展书店全品种展示20＋咖啡书单。举行咖啡优惠，由各店自行推出丰富、多元的与出版物营销相结合的优惠活动；支持国产咖啡，指定选购云南保山8家企业的品牌咖啡1000杯，通过22家参展书店赠送读者。读者当日单次消费满80元（不含咖啡）赠送一杯。长三角咖啡行业协会协办。

收到参展书店创作的海报45幅，经协会邀集十位业内资深专家为评委，对45幅海报进行评选，从中选出10幅为优秀海报并对设计者予以奖励。

协会在活动期间推出咖啡店等级评定活动。根据2022年8月发布的《上海市出版物发行行业咖啡服务标准》，首推由书店自荐、专业评审的咖啡店等级评定。5月22日至5月25日，经营单位自荐并经协会审定，确定25家书店＋咖啡经营单位进入等级评审。6月底将揭晓上海市图书销售行业书店＋咖啡经营等级评审结果，并颁发证书。

为规范并提升书店咖啡从业人员的水准，协会即将推出咖啡技能竞赛、行业咖啡师职业技能培训（中级班）等。

本次活动盛况受到新华网、中国新闻网、《光明日报》、《解放日报》、《文汇报》、《新民晚报》、上海电台、看看新闻、澎湃新闻、东方网、《中国新闻出版广电报》、《中国出版传媒商报》等12家媒体的密集发布。

"上海咖香，洋溢世界｜上海书香，洋溢大地"活动，是一场新型消费节庆，以咖啡为支点，撬动消费热度。不仅对个人是一种咖啡文化的普及和提高，对于书业咖啡经营者也是一次机遇，使书店＋咖啡通过上海咖啡文化周、在营造公共文化空间的进程中更加规正、更加引流、更加赋能。

2024

柚见茉莉
青花冷萃

在上海　品世界　读好书

2024上海国际咖啡文化节
在上海　品世界　读好书
推新书单、咖啡新品，办文化展和集章⋯⋯

○ 刘智慧

2024年4月30日，由上海市书刊发行行业协会主办的"2024上海国际咖啡文化节·在上海　品世界　读好书"系列活动开幕暨上海咖啡历史文化展在上海香港三联书店开展。

4月30日推出的上海咖啡历史文化展是上海市书刊发行行业协会参与2024上海国际咖啡文化节的一个品牌项目，围绕咖啡历史原件、本身相伴的故事与百种咖啡专业书籍相融合，使读者在触摸历史中寻找上海成为全球咖啡馆数量最多的城市的理由与基因。

上海咖啡历史文化展在历史上咖啡馆云集的淮海路举行最是恰当。本次展览有一些特别的展品：1935年德胜咖啡行的咖啡原罐，静安咖啡行（皇家咖啡）的广告，沙利文咖啡及饼干厂产品包装的原件，DDS咖啡店的代币⋯⋯这些民国旧物是上海人咖啡口味养成初期的实证，也体现了新中国诞生后咖啡一直没有远离上海人的日常生活，咖啡茶、咖啡糖、乐口福麦乳精，相关的旧物也容易唤醒许多人年少的记忆。

4月30日开始至5月底，由上海市委宣传部等指导的2024上海国际咖啡文化节在全市举行。上海市书刊发行行业协会、上海联合书业会展有限公司联合全市80家品牌实体书店在参与前三届咖啡文化周的基础上，今年将以"以点带面、全面升级、增加品种、扩大品类、多元延伸"为目标，通过推出1＋11＋N项行动，推新书单、咖啡新品、办文化展和集章……营造浓厚的咖啡书香文化氛围，擦亮"咖啡城市名片"，使书店＋咖啡通过上海国际咖啡文化节而更加规正、更加引流、更加赋能。

今年，上海国际咖啡文化节围绕"咖啡＋万物"，品味美好生活，进一步凸显国际化属性，融合更多元的消费场景，着力打造全市最大规模的"咖啡＋文体旅商展"嘉年华，持续以咖啡之名，演绎上海精彩，展现咖啡魅力，更有城市温度。

覆盖全市的80家品牌实体书店参加"在上海　品世界　读好书"系列活动推出的11项主题活动，包括发布最美书海报一幅和50幅参展书店创意个性海报，制作并发布"一店一条"微信推文；在前三年发布咖啡新书单的基础上，继续发布15＋咖啡新书单，并在参展书店联展，同时收集了港台地区在版咖啡读物200多种在上海香港三联书店展销，明年将引进欧美主流书店上架的在版咖啡图书进行重点推介，凸显上海国际咖啡文化节的国际元素；参展书店在咖啡文化节期间将累计推出50款主题咖啡新品，通过咖啡电影、意面咖啡、阅读咖啡等形式演绎咖啡＋的内涵和外延；支持国产咖啡，引进8款云南保山咖啡通过20家参展书店供读者品鉴；鼓励自闭症儿童健康成长，与长三角咖啡协会联合上海市甘霖初级职业技术学校，以该校学生中自闭症儿童的绘画为蓝本，定制200只马克杯进行义卖；开展"上海市图书销售行业咖啡制品品质鉴定标准大赛"活动；延续上海市图书销售行业书店＋咖啡经营等级升级评审；鼓励和支持参展书店参与市级咖啡巡展等活动；在10家参展书店推出2024上海国际咖啡文化节限定纪念章集章活动。

各参展书店也充分发挥自身优势，积极参与咖啡文化节的相关活动。如新华传媒连锁推出打卡拍摄活动，建投书局推出展陈体验"潮·北外滩——回望百年留法勤工俭学运动与花神咖啡馆"，艺术书坊推出咖啡一日行——亚洲咖啡美食&咖啡及旅游书籍游园会等。通过新颖、扎实、有趣、有益的推广活动，为2024上海国际咖啡文化节增光添彩。

作为1＋11＋N行动之一，发布了15＋咖啡新书单。咖啡新书单的书大多选自2022年—2024年期间出版的图书，品种上涵盖了如何制作咖啡、如何品鉴咖啡、特色咖啡店等，全方面地展现了咖啡文化，彰显了咖啡主题图书出版的品质。

据调查，目前网络平台销售的咖啡主题图书有千余种，上海的实体书店常销的咖啡主题图书有三百多个品种。销售居前的是《世界尽头的咖啡馆》《存在主义咖啡馆》《你不懂咖啡》《咖啡必修课》《和梵·高一起喝咖啡》《上海咖啡：历史与风景》《近代上海咖啡地图》等，港台版销售居前列的是《咖啡冠军的手冲咖啡学》《意式咖啡的萃取科学》《咖啡学堂》《咖啡瘾史》。

通过前两届咖啡书单的推荐和在实体书店的展陈，咖啡主题图书已经成为一些书店重点培育的类别之一，予以陈列和推广。通过调查获知，咖啡主题图书在上海图书市场销售中近年来处于稳中有升的态势，被书店列入单独的类别加以推荐，随着整个社会咖啡文化的推广，咖啡主题图书的销售获得了同步的增长。

上海市书刊发行行业协会在市委宣传部、市新闻出版局的指导下，在书店＋咖啡的融合创新中，传播书香上海的理念，努力为社会的进步和文化的推广作出贡献。

参展书店名录（80家）

黄浦区

上海书城福州路店（达利餐厅）

艺术书坊

上海香港三联书店

思南书局

思南书局·诗歌店

朵云书院·戏剧店

二西书店

西西弗书店上海世茂国际广场店

西西弗书店上海凯德晶萃广场店

徐汇区

新华书店徐汇日月光店

钟书阁·徐汇店

上海大众书局美罗店

立信书局

交大书院

BOOCUP浣熊唱片店

长宁区

上海书城长宁店

上海上生新所 茑屋书店

百新书局长宁缤谷广场店

中版书房·长宁店

西西弗书店上海中山公园龙之梦店

静安区

现代书店静安嘉里中心店

作家书店

西西弗书店上海大悦城店

普陀区

大夏书店

西西弗书店上海月星环球港店

西西弗书店上海长风大悦城店

虹口区

1927·鲁迅与内山纪念书局

大隐书局·刊茶社

大众书局曲阳店

建投书局·上海浦江店

西西弗书店上海虹口龙之梦店

西西弗书店上海北外滩来福士店

西西弗书店上海瑞虹天地太阳宫店

杨浦区

上海书城五角场店

大隐书局·创智天地店

悦悦书店

学悦风咏书社

复旦经世书局

宝山区

大隐书局·美兰湖店

博林书店

读者·壹琳文化空间

西西弗书店上海经纬汇店

西西弗书店上海宝杨宝龙店

西西弗书店上海宝山万达广场店

闵行区

新华文创·光的空间

上海大众书局维璟店

西西弗书店上海七宝万科店

西西弗书店上海闵行天街店

西西弗书店上海万象城店

浦东新区

朵云书院·旗舰店

朵云书院·滴水湖店

上海书城九六广场店

新华书店周浦万达店

新华书店高科西路店

大隐书局·前滩店

大隐湖畔书局

上海大众书局惠南店

上海大众书局世博源店

百新书局尚悦湾广场店

西西弗书店上海浦东嘉里城店

西西弗书店上海三林印象城店

西西弗书店上海晶耀前滩店

西西弗书店上海复地活力城店

西西弗书店上海正大广场店

西西弗书店上海华润时代广场店

西西弗书店上海金桥国际商业广场店

混知书店

嘉定区

西西弗书店上海嘉定万达店

西西弗书店上海嘉定南翔印象城店

松江区

南村映雪店

朵云书院·广富林店

钟书阁·泰晤士店

钟书阁·松江店

西西弗书店上海松江印象城店

金山区

朵云书院·枫泾店

青浦区

江南书局·青溪之源

天猫：悦悦图书旗舰店

（https://yueyuets.tmall.com）

奉贤区

江南书局·书的庭院

大隐书局·九棵树艺术书店

邃雅书局

15＋新书单

《食物小传：咖啡》

[英] 乔纳森·莫里斯 著　北京联合出版有限公司

2024年4月出版　定价：69.00元

　　从埃塞俄比亚的森林到拉丁美洲的庄园，从奥斯曼帝国的咖啡馆到"第三波"浪潮咖啡馆，从被禁止饮用的"酒"到风靡全球的饮品……咖啡经历了一场又一场蜕变之旅。本书是一部以咖啡为主角的全球史，旨在为读者提供关于咖啡的事实、趣闻和思考。

《高颜值创意饮品：咖啡 茶饮 鸡尾酒 气泡》

阳健 著　中国轻工业出版社

2024年3月出版　定价：59.80元

　　本书精选200余道饮品配方，包括咖啡、茶饮、气泡水、鸡尾酒、乳制品等，每一道不仅好喝，且颜值超高，同时材料易得，好学易做。自己动手，就可以在家轻松享用一杯创意饮品，瞬间拥有好心情。人气咖啡、创意茶饮、浪漫鸡尾酒、快乐气泡水、滋润乳制品、低卡果蔬饮、清爽冰粉……

《世界的尽头是一杯好咖啡》

临风君 著　人民邮电出版社　中国工信出版集团

2024年2月出版　定价：108.00元

　　面向咖啡爱好者，不仅是咖啡知识的入门指南，更是咖啡文化、咖啡生活方式的解读与实践指南，内容包括世界各地的咖啡文化特色、咖啡烘焙与风味品鉴、咖啡豆的甄别与选择、咖啡的冲泡与萃取、手冲咖啡的制作，以及咖啡师、时尚生活达人的咖啡生活体验。

《好咖啡没有秘密》

小山 著　中国轻工业出版社

2023年9月出版　定价：59.80元

　　咖啡如今已成为很多人日常必不可少的饮品，相关知识也铺天盖地，被各种新鲜名词包装过的咖啡显得高深而复杂。作者挑选了日常生活中关于咖啡的常见疑问，从怎么点、怎么做、怎么选到怎么品，尝试化繁为简，给出尽量清晰易懂的答案。

《开家中式咖啡馆》

刘厚军 著　中国轻工业出版社

2023年10月出版　定价：78.00元

　　基于企业实际经营经验，分析阐述了作者对中国特色咖啡（咖啡馆）的发展理念、中式咖啡独创技术，以及对中式咖啡文化的思考与实践，并以企业真实案例辅以深入浅出的经济理论对中式咖啡馆的运营进行阐述，且从实际操作层面对人工智能（AI）和大数据在中国咖啡馆经营模式与中式咖啡制作技术中的应用，提出了建设思路。

《咖啡寻豆师手册》

[美] 瑞恩·布朗 著 重庆大学出版社

2023年8月出版 定价：88.00元

关于咖啡生豆采购的指南。书中讲解了咖啡品种、产地、处理方法对风味的影响，并公开了作者经由大量杯测实战经验而得的评鉴技巧，也完整说明了精品咖啡名店研发出的生豆评比与采购决策系统，帮助读者迅速找到理想的好咖啡。

《咖啡入门：冠军咖啡师的咖啡课》

[日] 井崎英典 著 机械工业出版社

2023年7月出版 定价：59.80元

第15届世界咖啡师冠军井崎英典，介绍世界上最美味的咖啡冲泡法！从冲泡咖啡的基础知识，到制作咖啡的道具以及咖啡食谱等，通过图文结合的形式，娓娓道来。即使是初学者，也能轻松理解，并快速上手。

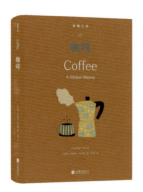

《我的咖啡生活》

[日] 久保田真梨子 著　机械工业出版社

2023年7月出版　定价：59.80元

　　什么时候喝咖啡呢？是在想要放松、思考或者振作精神的时候。在这些时刻，我们可以使用自己喜欢的咖啡豆、工具和杯子来冲泡咖啡。我们的目标不是去咖啡店喝咖啡，而是在家里享受自己冲泡的咖啡。只要自己满意，那么这就是最好的咖啡了。

《咖啡：你想知道的那些事儿》

童铃 著　中国纺织出版社

2023年7月出版　定价：58.00元

　　超实用的咖啡知识图书。以扎实的文字功底，幽默诙谐的语言，分享关于咖啡的一切，详细介绍了咖啡起源、研磨、萃取、花式咖啡制作、咖啡礼仪等，还贴心地解答了30余个五花八门的咖啡问题，非常适合咖啡爱好者和从业者阅读。

《东京咖啡店的历史与味道：在40座古建筑里喝咖啡》

[日] 川口叶子 著　华中科技大学出版社

2023年6月出版　定价：89.00元

　　日本最资深的咖啡店向导川口叶子带你巡礼40家50年以上的古建筑咖啡店，开启充满咖啡香的东京人文之旅。川口叶子选择了散步街道的方式，寻访东京历史悠久的、经过改造的咖啡店，从巷弄里的咖啡店到街边、森林中的咖啡店，分门别类介绍这些令人喜爱的咖啡店。

《第四波精品咖啡学》

韩怀宗 著　中信出版集团

2023年3月出版　定价：168.00元

咖啡爱好者及专业人士与时俱进的充电宝典。从产地到出杯，全面解读咖啡世界正在发生的巨变，是具有前瞻性的咖啡宝典。咖啡行业长销著作《精品咖啡学》作者、华人咖啡教父韩怀宗五年潜心打磨重磅著作。

《从咖啡到珈琲：日本咖啡文化史》

[美] 梅里·艾萨克斯·怀特 著　上海社会科学院出版社

2023年5月出版　定价：78.00元

当日本第一家咖啡馆"可否茶馆"在东京诞生时，整个世界都没想到日本将成为咖啡消费大国，日式精品咖啡文化将成为全球三大咖啡潮流之一。咖啡在16世纪初传入日本时，还是个新鲜事物，到明治维新时代已经成为"文明开化"的象征，今天则是家喻户晓的寻常饮料。

《DK咖啡百科》

[英] 阿妮特·默德瓦尔 著　科学普及出版社

2023年2月出版　定价：138.00元

本书及其 70 种食谱对于任何想在家自己冲泡咖啡并尝试不同咖啡豆、方法和口味的人来说都是精品。探索全球咖啡故事，增强读者咖啡豆到冲泡的知识和鉴赏力，欣赏咖啡豆风味的细微差别。

《当咖啡遇上健康》

阮光锋 主编　中国医药科技出版社

2023年3月出版　定价：48.00元

咖啡不仅是一种饮品，也是一种现代文化和时尚。一杯小小的咖啡，其实隐藏着许多你不知道的秘密！咖啡对人体健康有什么影响？怎么喝咖啡才健康？本书是食品领域专家精心创作的献给中国咖啡爱好者的一部咖啡科普书，希望您健康地享用咖啡。

《行走在伦敦的咖啡馆》

茉莉·金 著　辽宁人民出版社

2023年1月出版　定价：68.00元

一部以咖啡作为切入口的文化书籍，介绍了伦敦的十几家独立精品咖啡馆，文章以与咖啡馆主理人的对话为主要形式，突出每个咖啡馆的特色，讲述主理人的创业过程，同时也加入了咖啡的专业技术知识。

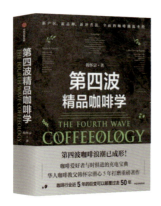

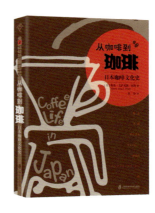

10幅获奖海报

朵云书院·旗舰店

二酉书店

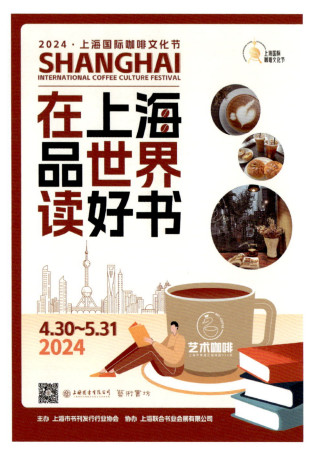

艺术书坊

上海香港三联书店

悦悦书店

西西弗书店

上海书城五角场店

现代书店

立信书局

上海国际咖啡文化节
4月30日
5月31日
SHANGHAI
INTERNATIONAL COFFEE CULTURE FESTIVAL
在上海
品世界
读好书
主办单位
上海市书刊发行行业协会
协办单位
上海联合书业会展有限公司
2024
上海国际咖啡文化节
80家书店参展名录
黄浦区
上海书城福州路店（达利餐厅）
艺术书坊
上海香港三联书店
思南书局
思南书局・诗歌店
朵云书院・戏剧店
二酉书店
西西弗书店上海世茂国际广场店
西西弗书店上海凯德晶萃广场店
徐汇区
新华书店日月光店
钟书阁・徐汇店
上海大众书局美罗店
立信书局
交大书院
BOOCUP 浣熊唱片店
长宁区
上海书城长宁店
上海上生新所 茑屋书店
百新书局长宁缤谷店
中版书房・长宁店
西西弗书店上海中山公园龙之梦店
静安区
现代书店静安嘉里中心店
作家书店
西西弗书店上海大悦城店
普陀区
大夏书店
西西弗书店上海月星环球港店
西西弗书店上海长风大悦城店
虹口区
1927・鲁迅与内山纪念书局
大隐书局・刊茶社
上海大众书局曲阳店
建投书局・上海浦江店
西西弗书店上海虹口龙之梦店
西西弗书店上海北外滩来福士店
西西弗书店上海瑞虹天地太阳宫店
杨浦区
上海书城五角场店
大隐书局・创智天地店
悦悦书店
学悦风味书社
复旦经世书局
宝山区
大隐书局・美兰湖店
博林书店
读者・壹琳文化空间
西西弗书店上海经纬汇店
西西弗书店上海宝杨宝龙店
西西弗书店上海宝山万达广场店
闵行区
新华文创・光的空间
上海大众书局绿瑶店
西西弗书店上海七宝万科店
西西弗书店上海闵行天街店
西西弗书店上海万象城店
浦东新区
朵云书院・旗舰店
朵云书院・滴水湖店
上海书城九六广场店
新华书店周浦万达店
新华书店高科西路店
大隐书局・前滩店
大隐书局・湖畔书局
上海大众书局惠南店
上海大众书局世博源店
百新书局尚悦湾广场店
西西弗书店上海浦东嘉里城店
西西弗书店上海三林印象城店
西西弗书店上海晶耀前滩店
西西弗书店上海复地活力城店
西西弗书店上海正大广场店
西西弗书店上海华润时代广场店
西西弗书店上海金桥国际商业广场店
混知书店
嘉定区
西西弗书店上海嘉定万达店
西西弗书店上海嘉定南翔印象城店
松江区
南村映雪店
朵云书院・广富林店
钟书阁・泰晤士店
钟书阁・松江店
西西弗书店上海松江印象城店
金山区
朵云书院・枫泾店
青浦区
江南书局・青溪之源
天猫：悦悦图书旗舰店
（https://yueyuets.tmall.com）
奉贤区
江南书局・书的庭院
大隐书局・九棵树艺术书店
邃雅书局

上海市书刊发行行业协会

上海各家书店积极参与
2024上海国际咖啡文化节市、区咖啡文化活动

作为上海市书刊发行行业协会主办的2024上海国际咖啡文化节1+11+N项行动之一，参展书店在"五一"假期积极参与市、区各类咖啡文化市集活动。一杯咖啡、一本书乃至一款文创，共同营造城市的生态氛围。

第二届西岸国际咖啡生活节

4月30日—5月4日，2024上海国际咖啡文化节暨第二届西岸国际咖啡生活节在徐汇滨江进行，沿着徐汇西岸（徐汇党群服务中心）一路延伸至龙华港桥，有近80场的线下活动，融合了传统文化与都市生活。

1. 上海香港三联书店

展位：瑞宁路99号B2-03

活动场地是在室外，地方大，加上之前各方媒体等渠道宣传

推广的力度大，现场整体人流非常大，上海香港三联书店的销售不错，日均过千，文创和图书的表现各占一半。

2. 新华文创·光的空间

展位：徐汇滨江龙华港党群服务中心滨江开放区域 摊位号：A4 23

新华文创·光的空间以新颖而别致的文创和饮品吸引了很多读者。

3. 邃雅书局

展位：徐汇滨江龙华港党群服务中心滨江开放区域摊位C1-22

对于远道从奉贤区赶来的邃雅书局，展位上下午人比较多。销售额首日过千，文创和咖啡的表现差不多。

4. 钟书阁·徐汇店

展位：徐汇滨江龙华港党群服务中心滨江开放区域

今年的五一小长假，钟书阁·徐汇店分别参与了徐汇的第二届西岸国际咖啡生活节和思南美好书店节·咖啡季，自4月30日开展以来徐汇钟书阁每天接待的读者超过3000人，仅在徐汇滨江就2天实现销售近八千元，其中图书销售2400多元，文创3500元，咖啡及咖啡衍生品2000多元。

5. 大隐书局·前滩店

展位：徐汇滨江龙华港党群服务中心滨江开放空间区域 摊位B2-02-11

大隐书局·前滩店前两天的销售额近1500元。

"最江南"2024青浦咖啡文化节

4月30日—5月4日，"最江南"2024青浦咖啡文化节在朱家角大淀湖草坪举办，其间开展一系列会商文旅体农融合创意活动，推出长三角咖啡市集、青浦"coffeewalk"打卡等一系列咖啡主题活动。

江南书局·青溪之源是刚刚开业两个多月的书店，作为青浦区的新文化地标品牌，吸引了很多读者来打卡，在开展首日销售良好，销售额有1500多元。

新华悦读生活节暨第19届法华牡丹节

4月30日，"与'宁'相约 百年新华路"——新华悦读生活节暨第19届法华牡丹节在上海上生·新所正式启幕。今年的"法华牡丹节"传递"新华悦读生活节""生活，是很好玩的"理念，展现生活节文化与新趣并存的良好形象。除了有文艺演出外，还打造一个以图书为核心，聚集众多展商、多元内容的活动品牌。活动持续到5月5日。

上海书城长宁店活动期间除了带来精彩文创，"磨辰光"品牌还推出了特调以及盲盒咖啡，盲盒图鉴有两个系列，一个是盛世牡丹系列，一个法国文豪系列，吸引很多读者来品尝。

在上海　品世界　读好书
"集章"开始啦!

作为一种阅读城市的旅行方式，"集章"近年来悄然走红。4月30日起，喜爱"集章"的朋友有福了，有十家书店以新颖、别致的图章等待着你。

4月30日开始至5月底，由上海市委宣传部等指导的2024上海国际咖啡文化节在全市举行。上海市书刊发行行业协会、上海联合书业会展有限公司联合全市80家品牌实体书店参加"在上海　品世界　读好书"系列活动，包括在10家参展书店推出2024上海国际咖啡文化节·在上海　品世界　读好书限定纪念章集章活动。以下，是十家书店的图章图案和盖章处：

1、艺术书坊

福州路424号

盖章处：艺术咖啡收银台

2、现代书店静安嘉里中心店

南京西路1515号静安嘉里中心商场北区

4楼N4-03&05

盖章处：入口收银台

3、钟书阁·徐汇店

龙华中路759号绿地缤纷城1楼

盖章处：钟书阁收银台

4、上海书城长宁店

长宁路1057号

盖章处：一楼咖吧

5、大夏书店

中山北路3651号

盖章处：收银台

6、上海大众书局曲阳店

中山北二路1818号百联曲阳购物中心6楼

盖章处：咖啡收银台醒目位置

7、上海书城五角场店

淞沪路77号万达广场B1-次主2A

盖章处：正门口盖章桌上（店招下方）

8、新华文创·光的空间

吴中路1588号爱琴海购物中心F701

盖章处：

1. 门店收银台

2. 西岸国际咖啡生活节：徐汇滨江龙华港党群服务中心滨江开放区域摊位A4 23号收银台

9、朵云书院·旗舰店

银城中路501号上海中心大厦5201-5204室

盖章处：正门口盖章桌上（店招下面）

10、上海书城九六广场

东方路796号九六广场商场地下一层

盖章处：咖吧收银台

义卖马克杯，鼓励自闭症儿童健康成长

书店＋咖啡，与印章艺术相融合，让阅读生活焕发新的光彩，也显现出带动流量、消费的勃勃生机。十家书店，都有特调咖啡。走过路过、吃力乏力时不妨在书店咖啡区坐坐。

作为覆盖全市的"在上海　品世界　读好书"系列活动推出的11项主题活动之一，上海市书刊发行行业协会与长三角咖啡协会联合上海市甘霖初级职业技术学校，以该校学生中自闭症儿童的绘画为蓝本，定制200只马克杯在20家书店开展义卖，鼓励自闭症儿童健康成长。

被选出的五幅图都是花卉植物，展现春天的气息。制作的杯子也是高科技的热现杯。没使用时，图案隐隐约约藏在黝黑的底色中，当注入热水，鲜艳的图案逐渐显现，给生活带来鲜活的小惊喜。

截至5月10日，200只马克杯销售近半。其中思南书局20只、1927·鲁迅与内山纪念书局10只和上海上生新所　茑屋书店10只已经售罄，正在积极调货。

思南书局4月30日上架卖马克杯，5月2日就售罄。其义卖方式

自闭症儿童绘制的五幅画作及杯子成品

值得大力推广。书局首先特意围绕义卖杯子做了小视频，在朋友圈转发推广，吸引读者预定。同时在收银台放置杯子＋A4立牌，遇到有读者买单时积极向其推荐，并在咖啡吧现场做加热显性测试。

1927·鲁迅与内山纪念书局也是把义卖的杯子摆放在吧台的

书店对本次活动的宣传和展陈

醒目位置。因为杯子本身不贵，只有25元，遇到热水还能变色显图案，图案也非常好看，加上是爱心活动，很多读者看到了，就顺手买一个带走了。

新华文创·光的空间为配合活动专门做了系列海报。义卖杯子的海报上，一个捧书专心阅读的小孩坐在花丛中。海报中展示了杯子原型和显色后的形状，加上义卖标语，非常吸引人。此海报和云南保山咖啡品鉴的海报摆放在一起，重点展示在收银台和咖啡吧醒目位置，店员日常有机会就会向读者介绍推广。

新华书店徐汇日月光店和上海书城九六广场店也制作了专门的义卖海报。

还没有买到、有意购买的读者请前往下述书店购买：上海上生新所 茑屋书店 、思南书局、二酉书店、现代书店、大众书局曲阳店、新华文创·光的空间、1927·鲁迅与内山纪念书局、百新书局缤谷店、上海书城五角场、大夏书店、悦悦书店、新华书店徐汇日月光店、钟书阁徐汇店、艺术咖啡、上海书城长宁店 、上海书城九六广场店、读者·壹琳文化空间、大隐书局前滩店、建投书局上海浦江店。

2024上海国际咖啡文化节
书店＋咖啡新品鉴赏

　　2024上海国际咖啡文化节期间，上海市书刊发行行业协会推出了覆盖全市的"在上海　品世界　读好书"系列活动，参展的品牌实体书店累计推出50款主题咖啡新品，通过咖啡电影、意面咖啡、阅读咖啡等形式演绎咖啡＋的内涵和外延。

1、朵云书院·旗舰店

重晚晴

　　灵感来自李商隐的诗《晚晴》。重晚晴保留了咖啡豆本身的风味，少量热牛奶和丝滑的奶泡让每一口咖啡都透出微甜，香气馥郁。黑色糖粉装饰，拟象出傍晚诗人登高远眺所见的晚霞画面，又为口感增添一丝黑糖的香甜风味。

2、混知书店

山楂酸和柚子青

　　山楂酸：山楂＋树莓＋soe短萃；柚子青：柚子果汁＋抹茶奶

盖＋soe冷萃。跟随混知咖啡一起，用果味酸甜唤醒春天！

3、大隐书局

维也纳咖啡

大隐书局推出的维也纳咖啡，灵感来源于奥地利最著名的咖啡饮品，是一个名叫爱因·舒伯纳的马车夫发明的，雪白的鲜奶油上，洒落五色缤纷七彩米，扮相非常漂亮；隔着甜甜的巧克力糖浆、冰凉的鲜奶油啜饮滚烫的热咖啡，更是别有风味。做成冰饮口感更佳，是夏季咖啡的首选。

4、上海书城长宁店

盛世牡丹龙井

新华路街道原为法华古镇，古镇内曾广种牡丹，因而"法华牡丹"是新华路街道居民珍贵的历史文化记忆。自2006年以来，新华路街道每年都会开展文化品牌活动"法华牡丹节"，打造群众文化活动的盛会。今年的"法华牡丹节"以"与'宁'相约百年新华路"为主题传递"新华悦读生活节""生活，是很好玩的"理念，展现生活节文化与新趣并存的良好形象。

同居长宁区的上海书城长宁店为配合牡丹节，推出了盛世牡丹龙井。以牡丹为主题，龙井茶为载体，经过不断调试，将两者以特定比例相融合，达到其最佳口感。牡丹的甜是开胃小助手，再搭配上茶特有的口感，为生活增加了一份情调。

5、新华文创·光的空间

柚香茉莉&青花冷萃

荣获2023上海出版发行行业咖啡技能竞赛唯一一等奖"柚香茉莉"亮相新华文创·光的空间。这款咖啡以独特的柚香和茉莉花香交织的风味，征服了评委的味蕾，也赢得了现场咖啡爱好者的一致好评。同时，光的空间还有新品特调青花汾酒30复兴版"青花冷萃"，冷萃工艺使得咖啡的香气更加凸显，而汾酒的加入则赋予了它一种独特的酒香，让人回味无穷。

6、建投书局

抹茶冰沙&冷萃咖啡

抹茶冰沙：苦涩与微甜的味蕾瞬间感受清凉——冰的入口即化，层层雪顶奶油顺滑清爽，带你缓缓入夏。

冷萃咖啡：雨天、阴天、晴天穿梭于忙碌与闲暇之间，不妨品上一杯冷萃咖啡，捕捉诗意瞬间，豆香轻绕，细腻分层的口感，每一滴都是时间的馈赠。

7、上海上生新所 茑屋书店

抹茶厚椰乳&抹茶厚椰拿铁

抹茶厚椰乳是顺滑的椰乳搭配浓厚的抹茶，甜度适中，颜值在线。抹茶厚椰拿铁，口感清爽，是咖啡爱好者的最爱。

春天里的一抹绿，青涩中带有一丝回甘，仿佛在口中掀起一抹茶的巨浪。

山茶花扁桃仁拿铁

　　山茶花风味与扁桃仁的风味组合。选用植物基扁桃仁奶，配上山茶花风味，口味清爽。

8、大夏书店

海盐芝士DIRTY

　　哥伦比亚＋曼特宁＋巧克力拼配浓缩＋海盐芝士乳＋牛奶。一大口感受海盐芝士牛奶与浓缩咖啡的完美碰撞。冰火两重天，冷热交融入口醇厚强烈，体验满口芝士香的极大满足感。1分钟内饮用完最佳。下单新品，同时获赠神秘种子卡片，为自己种下独一无二的花!

9、思南书局

文学的魅力

　　散步在复古深邃的老洋房中，每一片映照在思南书局上的梧桐光影，如同落入这杯中的枫叶，将属于思南的文学，印在每个人的心里。

10、思南书局·诗歌店

献给无限的少数人

　　就像杯壁的鸟儿，将世界各地诗歌中的力量，通过这杯饮品，献给所有热爱诗歌的人们。

11、复旦经世书局

海盐话梅气泡冰美式

　　顺滑的浓缩咖啡与酸甜咸味的话梅，再加入清爽的气泡水，口感层次分明，是夏日的清爽搭档。

12、朵云书院·戏剧店

梁山伯

　　杯口采用椰蓉与巧克力搭配串钱藤，红糖搅拌在牛奶与咖啡中，椰蓉的清香混合糖咖的丝滑，以柔顺香甜的口感带你领略《梁祝》之绵长，余韵无穷。

13、读者·壹琳文化空间

樱花拿铁

　　春天的甜美气息随着樱花的绽放而到来，读者壹琳樱花拿铁，是咖啡和樱花糖浆在搅拌中慢慢拉扯出来的春天感受，配上樱花树的造型，带给客户视觉和味觉的双重满足。

14、钟书阁

椰青美式

　　严选5—6年树龄、生长25天的泰国Nam Hom香水椰，椰香满满，融合阿拉比卡咖啡豆的咖香，清澈却热烈地交织出专属夏日的协奏曲。

冰淇淋燕麦拿铁

生活或许无解，我先来杯拿铁。燕麦奶＋香草冰淇淋，奶香再上层楼，一口苦中微甜。开心果是点缀，也是快乐生活的催化剂。

米乳拿铁

米乳＋咖啡＋鲜牛奶的创意相聚。选用小町香米，将纯粹的清甜感融入口感。足够香浓的拿铁此刻更醇厚，咖啡豆的风味更久，抚慰即将到来的无尽夏日。

15、朵云书院·滴水湖店

冷萃椰子咖啡

既保留了精品咖啡原有的香浓，还加入了椰子水的清甜，口感细腻柔顺、清爽自然，卡路里极低。气温上升，日行万步饮一杯"续命水"，继续开逛吧!

16、大众书局

白桃dirty和哈哈桃子乳酸菌

白桃dirty：桃子和草莓搭配牛奶，加入新鲜萃取咖啡液作为基底，经典组合搭配。

哈哈桃子乳酸菌：甜甜的蜜桃和清爽的乳酸菌搭配，清爽又解腻，给肠道创造新活力。

17、朵云书院·枫泾店

状元红

"状元红"特调美式结合了凤梨与百香果的风味，酸甜可口、清爽宜人。每一口"状元红"，都是对美好的期许。

18、二酉书店

云南闲暇

二酉书店为大家带来虹吸壶制作的云南咖啡——将来自云南的咖啡豆精准地研磨，一壶纯净的清水，一杯清香咖啡粉，在时间的撮合下互相交融，最终品辍这份饱含时间与空间的礼物。

19、朵云书院·广富林店

寻根

外观水墨晕染的青花瓷杯，颇有宋人风雅。满杯特调奶咖融入红枣的浓郁香气，甜润感交织着微微苦涩，口感丰富。让它伴你在书中沉潜，纵观古今。

媒体报道选录

"在上海　品世界　读好书"系列活动在沪开幕

◎ 曹玲娟

4月30日，由上海市书刊发行行业协会主办的"2024上海国际咖啡文化节·在上海　品世界　读好书"系列活动在沪开幕，同时，上海咖啡历史文化展亮相上海香港三联书店。

据悉，将有80家品牌实体书店参加"在上海　品世界　读好书"系列活动，推出的11项主题活动包括发布海报、发布咖啡新书单、展销咖啡读物、推出咖啡新品、开展"上海市图书销售行业咖啡制品品质鉴定标准大赛"活动、推出2024上海国际咖啡文化节限定纪念章集章活动等。

调查显示，目前上海的实体书店常销的咖啡主题图书有三百多种，网络平台销售的咖啡主题图书有千余种。销售居前的包括《世界尽头的咖啡馆》《存在主义咖啡馆》《你不懂咖啡》《咖啡必修课》《和梵·高一起喝咖啡》《上海咖啡：历史与风景》《近代上海咖啡地图》等。

上海咖啡历史文化展围绕咖啡历史、咖啡故事与百余种咖啡专业书籍展开。展览中有一些特别的展品：1935年德胜咖啡行的咖啡原罐，静安咖啡行（皇家咖啡）的广告，沙利文咖啡及饼干厂产品包装的原件……这些民国旧物是上海人咖啡口味养成初期的实证。

（人民日报上海频道）

上海咖啡历史文化展在上海香港三联书店开展

◎ 王　笈

　　由上海市书刊发行行业协会主办的上海咖啡历史文化展于（4月）30日在上海香港三联书店开展，与咖啡相关的展品、故事与百种咖啡专业书籍，让读者在触摸历史中寻找上海成为全球咖啡馆数量最多城市的"基因"。

2024上海国际咖啡文化节"在上海　品世界　读好书"系列活动

本次展览有一些特别的展品：1935年德胜咖啡行的咖啡原罐，静安咖啡行（皇家咖啡）的广告，沙利文咖啡及饼干厂产品包装的原件，DDS咖啡店的代币……这些民国旧物是上海人咖啡口味养成初期的实证，也体现了新中国成立后咖啡一直没有远离上海人的日常生活。

4月30日至5月底，2024上海国际咖啡文化节在上海全市举行，上海市书刊发行行业协会、上海联合书业会展有限公司联合全市80家品牌实体书店推新书单和咖啡新品、办文化展和集章，营造浓厚的咖啡书香文化氛围。其中，咖啡新书单的书选自2022年至2024年期间出版的图书，品种上涵盖了如何制作咖啡、如何品鉴咖啡、特色咖啡店等，全方面展现咖啡文化。

据调查，目前网络平台销售的咖啡主题图书有千余种，上海实体书店常销的咖啡主题图书有300多个品种，销售居前的是《世界尽头的咖啡馆》《存在主义咖啡馆》《你不懂咖啡》《咖啡必修课》《和梵·高一起喝咖啡》《上海咖啡：历史与风景》《近代上海咖啡地图》等，港台版销售居前的是《咖啡冠军的手冲咖啡学》《意式咖啡的萃取科学》《咖啡学堂》《咖啡瘾史》。近年来，咖啡主题图书在上海图书市场销售中处于稳中有升的态势，被书店列入单独的类别加以推荐。

（中新网上海2024年4月30日）

探寻咖啡历史
2024上海国际咖啡文化节飘香开幕

◎ 颜维琦

上海有着品味咖啡的历史，历史上的淮海路云集着众多咖啡馆。4月30日，由上海市书刊发行行业协会主办的"2024上海国际咖啡文化节·在上海　品世界　读好书"系列活动开幕暨上海咖啡历史文化展在位于淮海路的上海香港三联书店开展，让读者在触摸

历史中感受上海咖啡文化背后的故事。

本次展览有一些特别的展品：1935年德胜咖啡行的咖啡原罐，静安咖啡行（皇家咖啡）的广告，沙利文咖啡及饼干厂产品包装的原件，DDS咖啡店的代币……这些民国旧物是上海人咖啡口味养成初期的实证，也体现了新中国诞生后咖啡一直没有远离上海人的日常生活，咖啡茶、咖啡糖、乐口福麦乳精，相关的旧物也容易唤醒许多人年少的记忆。

与此同时，各参展书店推出与咖啡文化节相关的活动。新华传媒连锁推出打卡拍摄活动，建投书局推出展陈体验"潮·北外滩——回望百年留法勤工俭学运动与花神咖啡馆"，艺术书坊推出咖啡一日行——亚洲咖啡美食&咖啡及旅游书籍游园会等。此次活动还发布了15＋咖啡新书单。咖啡新书单大多选自2022年—2024年期间出版的图书，品种上涵盖了如何制作咖啡、如何品鉴咖啡、特色咖啡店等。在上千种咖啡相关书籍中，销售居前的是《世界尽头的咖啡馆》《存在主义咖啡馆》《你不懂咖啡》《咖啡必修课》《和梵·高一起喝咖啡》《上海咖啡：历史与风景》等。

上海咖啡历史文化展是上海市书刊发行行业协会参与2024上海国际咖啡文化节的品牌项目，通过"咖啡＋万物"营造浓厚的咖啡书香文化氛围，擦亮"咖啡城市名片"。

（《光明日报》2024年5月2日）

2024上海国际咖啡文化节启动
在上海　品世界　读好书

◎ 穆宏志

　　由上海市书刊发行行业协会主办的"2024上海国际咖啡文化节·在上海　品世界　读好书"系列活动开幕暨上海咖啡历史文化展在上海香港三联书店开展。

　　上海咖啡历史文化展是上海市书刊发行行业协会参与2024上海国际咖啡文化节的品牌项目,围绕咖啡历史原件、本身相伴的故事与百种咖啡专业书籍相结合,使读者在触摸历史中寻找上海成为全球咖啡馆数量最多的城市的理由与基因。由上海市委宣传部等指导的2024上海国际咖啡文化节将持续至5月底。上海市书刊发行行业协会、上海联合书业会展有限公司联合全市80家品牌实体书店在参与前三届咖啡文化周的基础上,今年将以"以点带面、全面升级、增加品种、扩大品类、多元延伸"作为目标,通过推出1+11+N项行动,推新书单、咖啡新品、办文化展和集章……营造浓厚的咖啡书香文化氛围,擦亮"咖啡城市名片",使书店+咖啡通过上海国际咖啡文化节而更加规正、更加引流、更加赋能。

今年，上海国际咖啡文化节围绕"咖啡＋万物"，品味美好生活，进一步凸显国际化属性，融合更多元的消费场景，着力打造全市最大规模的"咖啡＋文体旅商展"嘉年华。

（《中国出版传媒商报》2024年5月10日）

咖啡历史文化展来了！
老物件反映市民日常生活，咖啡主题图书琳琅满目

◎ 严山山

4月30日，由上海市书刊发行行业协会主办的"2024上海国际咖啡文化节·在上海　品世界　读好书"系列活动开幕暨上海咖啡历史文化展在上海香港三联书店举办。

据介绍，上海咖啡历史文化展是上海市书刊发行行业协会参与今年上海国际咖啡文化节的一个品牌项目，围绕咖啡历史原件、本身相伴的故事与百种咖啡专业书籍相融合，使读者在触摸历史中寻找上海成为全球咖啡馆数量最多的城市的理由与基因。

这次展览在历史上咖啡馆云集的淮海路举行。上海香港三联书店工作人员告诉记者，本次展览有一些特别的展品，包括1935年德胜咖啡行的咖啡原罐，静安咖啡行（皇家咖啡）的广告，沙利文咖啡及饼干厂产品包装的原件，DDS咖啡店的代币等。

展览当中，有些老物件是上海人咖啡口味养成初期的实证，也能反映上海解放之后，咖啡一直没有远离上海人的日常生活，包括咖啡茶、咖啡糖、乐口福麦乳精等。

2024上海国际咖啡文化节"在上海　品世界　读好书"系列活动开幕暨上海咖啡历史文化展

在上海国际咖啡文化节期间，上海市书刊发行行业协会连续三年推出咖啡主题书单，推荐咖啡主题图书出版的精品，也带动了图书的销售。咖啡新书单的书大多选自2022年到2024年期间出版的图书，品种上涵盖了如何制作咖啡、如何品鉴咖啡、特色咖啡店等，全方面地展现了咖啡文化。据调查，目前网络平台销售的咖啡主题图书有1500多种，销售前三名为《世界尽头的咖啡馆》《存在主义咖啡馆》《你不懂咖啡》（数据来源于当当）。

上海实体书店常销的咖啡主题图书有三百多种。上海香港三联书店2023年销售咖啡类图书品种有97种，其中港台版图书有66种，全年销售额在七万多元。其中销售居前几位是《咖啡必修课》《上海咖啡：历史与风景》《你不懂咖啡》《近代上海咖啡地图》，港台版销售居前列的是《咖啡冠军的手冲咖啡学》《意式咖啡的萃取科学》《咖啡学堂》《咖啡瘾史》。

上海香港三联书店总经理助理沈骁告诉记者："这次我们推出上海咖啡历史文化展之际，结合书店自身销售港台版图书的特点，几乎把所有港台地区在售的咖啡类图书收集全了，图书总数达到200种左右。"

上海书城福州路店正在销售的有65个品种，近一个月动销的有15个品种，销售靠前的是《和梵·高一起喝咖啡》《咖啡必修课》《第四波精品咖啡学》《咖啡》《地图上找不到的咖啡店》《重返世界尽头的咖啡馆》。大众书局维璟店销售的咖啡主题图书前三名为《和梵·高一起喝咖啡》《世界咖啡地图》《我的咖啡生活提

上海香港三联书店港台版咖啡类图书

案》。光的空间销售比较好的咖啡主题图书是《存在主义咖啡馆》《世界尽头的咖啡馆》《咖啡美味手帖》。

从4月30日开始至5月底，2024上海国际咖啡文化节将在全市举行。上海市书刊发行行业协会、上海联合书业会展有限公司联合全市80家品牌实体书店，今年将以"以点带面、全面升级、增加品种、扩大品类、多元延伸"作为目标，通过推出1＋11＋N项行动，推新书单、咖啡新品、办文化展和集章。

各参展书店也将充分发挥自身优势，积极参与咖啡文化节的相关活动。如新华传媒连锁推出打卡拍摄活动，建投书局推出展陈体验"潮·北外滩——回望百年留法勤工俭学运动与花神咖啡馆"，艺术书坊推出咖啡一日行——亚洲咖啡美食&咖啡及旅游书籍游园会等。

（《新闻晨报》周到上海 2024年4月30日）

咖啡香＋书香，
这是上海成为全球咖啡馆最多城市的理由

◎ 徐翌晟

    1935年德胜咖啡行的咖啡原罐、静安咖啡行（皇家咖啡）的广告、沙利文咖啡及饼干厂产品包装的原件、DDS咖啡店的代币……这些特别的展品是上海人咖啡口味养成的实证，也能体现新中国成立后，咖啡一直没有远离上海人的日常生活。今天，由上海市书刊发行行业协会主办的"2024上海国际咖啡文化节·在上海 品世界 读好书"系列活动开幕暨上海咖啡历史文化展在上海香港三联书店开幕，展览将咖啡历史原件、故事与百种咖啡专业书籍相融合，寻找上海成为全球咖啡馆数量最多的城市的理由与基因。

    今年上海国际咖啡文化节围绕"咖啡＋万物"，品味美好生活，融合更多元的消费场景。覆盖全市的80家品牌实体书店参加"在上海 品世界 读好书"系列活动推出的11项主题活动，包括发布最美书海报一幅和50幅参展书店创意个性海报，发布15＋咖啡新书单，并在参展书店联展，同时收集了港台地区在版咖啡读物200多种在上海香港三联书店展销，明年将引进欧美主流书店上架的在版咖啡图书进行重点推介。参展书店在咖啡文化节期间将累计推出50款主题咖啡新品，通过咖啡电影、意面咖啡、阅读咖啡等形式演绎咖啡＋的内涵和外延；支持国产咖啡，引进8款云南保山咖啡通过20家参展书店供读者品鉴；鼓励自闭症儿童健康成长，与长三角咖啡协会联合上海市甘霖初级职业技术学校，以该校学生中自闭症儿童的绘画为蓝本，定制200只马克杯进行义卖；开展"上海市图书销售行业咖啡制品品质鉴定标准大赛"活动；延续上海市图书销售行业书店＋咖啡经营等级升级评审；鼓励和支持参展书店参与市级咖啡巡展等活动；在10家参展书店推出2024上海国际咖啡文化节限定纪念章集章活动。

各参展书店也将充分发挥自身优势，新华传媒连锁推出打卡拍摄活动，建投书局推出展陈体验"潮·北外滩——回望百年留法勤工俭学运动与花神咖啡馆"，艺术书坊推出咖啡一日行——亚洲咖啡美食&咖啡及旅游书籍游园会等，为2024上海国际咖啡文化节增光添彩。

新发布的15＋咖啡新书单上，大都是2022年—2024年期间出版的咖啡主题图书，品种上涵盖了如何制作咖啡、如何品鉴咖啡、特色咖啡店等，全方面地展现了咖啡文化。

据调查，目前，网络平台销售的咖啡主题图书有千余种，上海的实体书店常销的咖啡主题图书有三百多个品种。受读者欢迎居前的是《世界尽头的咖啡馆》《存在主义咖啡馆》《你不懂咖啡》《咖啡必修课》《和梵·高一起喝咖啡》《上海咖啡：历史与风景》《近代上海咖啡地图》等，港台版销售居前列的是《咖啡冠军的手冲咖啡学》《意式咖啡的萃取科学》《咖啡学堂》《咖啡瘾史》。咖啡主题图书已经成为一些书店重点推介的类别之一。

（《新民晚报》2024年4月30日）

咖啡香与书香交织，
在上海体验文艺度假美好生活

◎ 许　旸

　　一本好书一杯咖啡——在上海，咖香与书香交织，开启文艺度假的品读体验。

　　昨天，由上海市书刊发行行业协会主办的"2024上海国际咖啡文化节·在上海　品世界　读好书"系列活动开幕暨上海咖啡历史文化展在上海香港三联书店开展。参展书店在咖啡文化节期间将累计推出50款主题咖啡新品，通过咖啡电影、意面咖啡、阅读咖啡等形式演绎咖啡＋的内涵和外延，10家书店推出咖啡文化节限定纪念章集章活动，串联爱书、爱章、爱咖啡的市民游客的城市漫步路线。

　　1935年德胜咖啡行的咖啡原罐，静安咖啡行（皇家咖啡）的广告，沙利文咖啡及饼干厂产品包装的原件，DDS咖啡店的代币……20世纪初到新中国成立后的物品是上海人咖啡口味养成初期的实证，也是咖啡没有远离上海人日常生活所留下的痕迹，咖啡茶、咖啡糖、乐口福麦乳精，唤起很多人的记忆。

阅读与书店一直是上海咖啡文化周重要组成部分，今年上海咖啡文化周升级为上海国际咖啡文化节，围绕"咖啡＋万物"，进一步凸显国际化属性，融合更多元的消费场景。上海市书刊发行行业协会、上海联合书业会展有限公司联合本市80家品牌实体书店推出"在上海 品世界 读好书 1＋11＋N"项活动，继续发布15＋咖啡新书单，同时收集200多种港台地区咖啡读物在上海香港三联书店展销，明年还将引进欧美主流书店上架的咖啡图书进行重点推介，凸显上海国际咖啡文化节的国际元素。

市书刊发行行业协会副会长汪耀华介绍，目前上海实体书店常销的咖啡主题图书有300多个品种，较受欢迎的有《世界尽头的咖啡馆》《存在主义咖啡馆》《你不懂咖啡》《咖啡必修课》《和梵·高一起喝咖啡》《上海咖啡：历史与风景》《近代上海咖啡地图》等。不少书店已将咖啡主题图书列入单独类别向读者推荐。

今年上海国际咖啡文化节期间，参展书店各展所长，推出特色

活动，如上海新华传媒的打卡拍摄、建投书局的展陈体验"潮·北外滩——回望百年留法勤工俭学运动与花神咖啡馆"，艺术书坊的"咖啡一日行——亚洲咖啡美食&咖啡及旅游书籍游园会"等。

据悉，参展书店在咖啡文化节期间将累计推出50款主题咖啡新品，通过咖啡电影、意面咖啡、阅读咖啡等形式演绎"咖啡＋"；8款云南保山咖啡将通过20家参展书店供读者品鉴，展示国产咖啡风味；10家参展书店推出2024上海国际咖啡文化节限定纪念章集章活动。上海市书刊发行行业协会还与长三角咖啡协会联合上海市甘霖初级职业技术学校，以该校学生中自闭症儿童的绘画为蓝本，定制200只马克杯进行义卖，鼓励自闭症儿童健康成长，并开展"上海市图书销售行业咖啡制品品质鉴定标准大赛"，延续上海市图书销售行业"书店＋咖啡"经营等级升级评审，鼓励和支持参展书店参与市级咖啡巡展。

（《文汇报》2024年5月1日）

一杯咖啡一本书，
"五一"在上海　品世界　读好书

◎ 施晨露

　　"五一"小长假，咖啡香交织书香，成为上海一道城市景观。距离思南公馆不远，由市书刊发行行业协会主办的"2024上海国际咖啡文化节·在上海　品世界　读好书"系列活动暨上海咖啡历史文化展在上海香港三联书店迎来首批参观者。作为2024上海国际咖啡文化节品牌项目之一，展览通过讲述咖啡历史的原件和百种咖啡专业书籍，让读者在"触摸"历史的过程中寻找上海成为全球咖啡馆数量最多城市的基因。

　　1935年德胜咖啡行的咖啡原罐，静安咖啡行（皇家咖啡）的广告，沙利文咖啡及饼干厂产品包装的原件，DDS咖啡店的代币……这些20世纪初到新中国成立后的物品是上海人咖啡口味养成初期的实证，也是咖啡一直没有远离上海人日常生活所留下的痕迹，咖啡茶、咖啡糖、乐口福麦乳精，唤起很多人的记忆。

　　书香与咖啡香最为融合，阅读与书店一直是上海咖啡文化周的重要组成部分，今年，上海咖啡文化周升级为上海国际咖啡文化节，围绕"咖啡＋万物"，进一步凸显国际化属性，融合更多元的消费场景。上海市书刊发行行业协会、上海联合书业会展有限公司联合本市

80家品牌实体书店推出"在上海 品世界 读好书 1＋11＋N"项活动，继续发布的咖啡新书单，同时收集200多种港台地区咖啡读物在上海香港三联书店展销，明年还将引进欧美主流书店上架的咖啡图书进行重点推介，凸显上海国际咖啡文化节的国际元素。

参展书店在咖啡文化节期间将累计推出50款主题咖啡新品，通过咖啡电影、意面咖啡、阅读咖啡等形式演绎咖啡＋的内涵和外延，10家书店推出咖啡文化节限定纪念章集章活动，串联爱书、爱章、爱咖啡的市民游客的城市漫步路线。

咖啡香、书香里有温度。在思南书局，一款可以变色的特制马克杯是"在上海 品世界 读好书"系列活动的特别商品。倒入热水，杯身上就会浮现出上海市甘霖初级职业技术学校自闭症儿童绘制的画作。由市书刊发行行业协会与长三角咖啡协会联合发起的这项公益活动，售价扣除制造成本将全额捐予自闭症儿童群体。

"目前，上海实体书店常销的咖啡主题图书有300多个品种，较受读者欢迎的有《世界尽头的咖啡馆》《存在主义咖啡馆》《你不懂咖啡》《咖啡必修课》《和梵·高一起喝咖啡》《上海咖啡：历史与风景》《近代上海咖啡地图》等。不少书店已将咖啡主题图书列入单独类别向读者推荐。"市书刊发行行业协会副会长汪耀华介绍，今年上海国际咖啡文化节期间，参展书店各展所长，推出特色活动，如新华传媒的打卡拍摄、建投书局的展陈体验"潮·北外滩——回望百年留法勤工俭学运动与花神咖啡馆"，艺术书坊的"咖啡一日行——亚洲咖啡美食&咖啡及旅游书籍游园会"等。

（上观新闻2024年4月30日）

在上海　品世界　读好书

◎ 吴泽宇

　　由上海市书刊发行行业协会主办的"2024上海国际咖啡文化节·在上海　品世界　读好书"系列活动开幕暨上海咖啡历史文化展于4月30日在上海香港三联书店开展。

　　本次展览有一些特别的展品：1935年德胜咖啡行的咖啡原罐、静安咖啡行（皇家咖啡）的广告、沙利文咖啡及饼干厂产品包装的原件、DDS咖啡店的代币……这些民国旧物是上海人咖啡口味养成初期的实证，也体现了新中国诞生后咖啡一直没有远离上海人的日常生活，咖啡茶、咖啡糖、乐口福麦乳精，相关的旧物也容易唤醒许多人年少的记忆。

　　上海市书刊发行行业协会、上海联合书业会展有限公司联合全市80家品牌实体书店将"以点带面、全面升级、增加品种、扩大品类、多元延伸"作为目标，通过推出1＋11＋N项行动，推新书单、咖啡新品、办文化展和集章……营造浓厚的咖啡书香文化氛围，擦亮"咖啡城市名片"，使书店＋咖啡通过上海国际咖啡文化节而更加规正、更加引流、更加赋能。

覆盖全市的80家品牌实体书店参加"在上海 品世界 读好书"系列活动推出的11项主题活动，包括发布最美书海报一幅和50幅参展书店创意个性海报，制作并发布"一店一条"微信推文；在前三年发布15＋咖啡新书单的基础上，继续发布15＋咖啡新书单，并在参展书店联展，同时收集了港台地区在版咖啡读物200多种在上海香港三联书店展销，明年将引进欧美主流书店上架的在版咖啡图书进行重点推介，凸显上海国际咖啡文化节的国际元素；参展书店在咖啡文化节期间将累计推出50款主题咖啡新品，通过咖啡电影、意面咖啡、阅读咖啡等形式演绎咖啡＋的内涵和外延；支持国产咖啡，引进8款云南保山咖啡通过20家参展书店供读者品鉴；鼓励自闭症儿童健康成长，与长三角咖啡协会联合上海市甘霖初级职业技术学校，以该校学生中自闭症儿童的绘画为蓝本，定制200只马克杯进行义卖；开展"上海市图书销售行业咖啡制品品质鉴定标准大赛"活动；延续上海市图书销售行业书店＋咖啡经营等级升级评审；鼓励和支持参展书店参与市级咖啡巡展等活动；在10家参展书店推出2024上海国际咖啡文化节限定纪念章集章活动。

各参展书店也将充分发挥自身优势，积极参与咖啡文化节的相关活动。如新华传媒连锁推出打卡拍摄活动，建投书局推出展陈体验"潮·北外滩——回望百年留法勤工俭学运动与花神咖啡馆"，艺术书坊推出咖啡一日行——亚洲咖啡美食&咖啡及旅游书籍游园会等。通过新颖、扎实、有趣、有益的推广活动，为2024上海国际咖啡文化节增光添彩。

作为1＋11＋N行动之一，发布了15＋咖啡新书单。咖啡新书单的书大多选自2022年—2024年期间出版的图书，品种上涵盖了如何制作咖啡、如何品鉴咖啡、特色咖啡店等，全方面地展现了咖啡文化，彰显了咖啡主题图书出版的品质。

（上海电台魔都话匣子2024年4月30日）

阅读与咖啡完美交融，
这份"咖啡书单"请收好

◎ 郦 亮

阅读和咖啡一向密不可分。在这座全球拥有咖啡馆最多的城市，随处可见一边喝咖啡一边阅读的人，而在很多咖啡馆里诞生了很多优秀的文学作品。在这个"五一"小长假，长宁咖啡文化节与新华悦读生活节首次深度融合，给人耳目一新之感。

书店齐推"盲盒咖啡"

据悉，本届长宁咖啡文化节将持续两个月，覆盖"五五购物节"和"五一""端午"小长假。而阅读无疑是其中最大的亮点。这几天一个以图书为核心的文化市集正在上生·新所举行。市集上，上海的江南书局、1925书局、逆光226等书店带来丰富的文创产品和图书，杭州晓风书局带来丰子恺文化元素的帆布包等文创，四川熊猫书店则带来丰富的熊猫周边文创。长宁区图书馆也来到集市，推广图书馆的世界读书日主题展览。集市上推出的两款"盲盒咖啡"——"盛世牡丹盲盒"和"法国文豪盲盒"吊足读者胃口。

在今年长宁咖啡文化节暨新华悦读生活节期间，上生·新所还会推出咖啡戏剧节，多部悬疑剧目将在孙科别墅、海军俱乐部、特色咖啡馆等处上演。另外推出多条"甜蜜之旅""寻咖之旅"微旅行活动。5月19日下午，一场骑行将于1940咖啡店出发，游客还可参与"咖啡拉花""戏剧导赏"等互动项目。"在五一美好的假期，牡丹、咖啡、书、文创……这么多美好的事物集中于此，希望市民游客能在这里体验一场特别的'文化之旅'。"上海新华传媒连锁有限公司党委书记、董事长钮也仿说。

"咖啡书单"触摸城市历史

在这个"五一"长假，上海的书香和咖啡香气交织融合，体现出别样的文化气息。作为上海国际咖啡文化节的重要内容，上海市书刊发行行业协会、上海联合书业会展有限公司联合全市80家品牌实体书店推出咖啡书单和"在上海 品世界 读好书"系列活动，吸引读者在触摸历史中寻找上海成为现在的文化大都市的原因。

在活动中，参展书店在咖啡文化节期间将累计推出50款主题咖啡新品，通过咖啡电影、意面咖啡、阅读咖啡等形式演绎"咖啡＋"；8款云南保山咖啡将通过20家参展书店供读者品鉴，展示国产咖啡风味；10家参展书店推出2024上海国际咖啡文化节限定纪念章集章活动。

据调查，目前，网络平台销售的咖啡主题图书有千余种，上海的实体书店常销的咖啡主题图书有三百多个品种。销售居前的是

《世界尽头的咖啡馆》《存在主义咖啡馆》《你不懂咖啡》《咖啡必修课》《和梵·高一起喝咖啡》《上海咖啡：历史与风景》《近代上海咖啡地图》等，咖啡主题图书已经成为一些书店重点培育的类别之一。这些图书大多已进入此次"咖啡书单"，在各个书店重点展出陈列。咖啡如何融入这座城市并成为上海城市文化中重要的一部分？在这个"五一"长假深入到这座城市的咖啡文化中，也许每个人会有自己的答案。

（《青年报》青春上海2024年5月1日）

看新书单、品新咖啡、看文化展还有集章……
上海咖啡文化节怎少得了书香

◎ 唐一泓

4月30日开始至5月底，由上海市委宣传部等指导的2024上海国际咖啡文化节在全市举行。上海市书刊发行行业协会、上海联合书业会展有限公司联合全市80家品牌实体书店在参与前三届咖啡文化周的基础上，今年将通过推出1＋11＋N项行动，推新书单、咖啡新品、办文化展和集章……营造浓厚的咖啡书香文化氛围，擦亮"咖啡城市名片"。

在淮海路，看一场上海咖啡历史文化展

4月30日，由上海市书刊发行行业协会主办的"2024上海国际咖啡文化节·在上海 品世界 读好书"系列活动开幕暨上海咖啡历史文化展在上海香港三联书店开展。淮海路在历史上就咖啡馆云集，这场展览的举办地点也让不少读者直呼恰当。

作为上海市书刊发行行业协会参与2024上海国际咖啡文化节的品牌项目，上海咖啡历史文化展围绕咖啡历史原件、本身相伴的故事与百种咖啡专业书籍相融合，使读者在触摸历史中寻找上海成为

全球咖啡馆数量最多的城市的理由与基因。

展览现场，1935年德胜咖啡行的咖啡原罐、静安咖啡行（皇家咖啡）的广告、沙利文咖啡及饼干厂产品包装的原件、DDS咖啡店的代币……这些民国旧物是上海人咖啡口味养成初期的实证，也能体现新中国诞生后咖啡一直没有远离上海人的日常生活，咖啡茶、咖啡糖、乐口福麦乳精等相关的旧物也唤醒许多观众年少的记忆。

当长宁咖啡文化节深度融合新华悦读生活节

在具有百年历史、风格各异的老建筑的新华路上，阵阵音乐声从上生·新所"新华悦读生活节"市集主舞台上传来，新华街道群文团队带来的弦乐表演吸引了来往市民游客驻足聆听，与"宁"相约 百年新华路——新华悦读生活节暨第19届法华牡丹节正式启幕。

新华路街道原为法华古镇，古镇内曾广种牡丹，因而"法华牡丹"是新华路街道居民珍贵的历史文化记忆。自2006年以来，新华路街道每年都会开展文化品牌活动"法华牡丹节"，打造群众文化活动的盛会。

今年的"法华牡丹节"以"与'宁'相约 百年新华路"为主题，传递新华悦读生活节"生活，是很好玩的"理念，展现生活节文化与新趣并存的良好形象，除了有文化演出外，打造一个以图书为核心，聚集众多展商、多元内容的活动品牌。

值得一提的是，此次也是长宁咖啡文化节自2021年首次举办以来，首次与新华悦读生活节深度融合。本届长宁咖啡文化节将持续两个月，覆盖"五五购物节"和"五一""端午"小长假，在长宁多个商圈同步推出丰富多彩的活动内容。除了新华悦读生活节，还有即将在上生·新所推出的咖啡戏剧节，多部悬疑剧目将在孙科别墅、海军俱乐部、特色咖啡馆等处陆续上演。

上海80余家品牌实体书店参与11项主题活动

上海市书刊发行行业协会介绍，今年覆盖全市的80家品牌实体书店将参加"在上海 品世界 读好书"系列活动推出的11项主题活动，包括发布最美书海报一幅和50幅参展书店创意个性海报，制作并发布"一店一条"微信推文；参展书店在咖啡文化节期间将累计推出50款主题咖啡新品，通过咖啡电影、意面咖啡、阅读咖啡等形式演绎咖啡＋的内涵和外延；在10家参展书店推出2024上海国际咖啡文化节限定纪念章集章活动等。

各参展书店也将充分发挥自身优势，积极参与咖啡文化节的相关活动。如新华传媒连锁推出打卡拍摄活动，建投书局推出展陈体验"潮·北外滩——回望百年留法勤工俭学运动与花神咖啡馆"，艺术书坊推出咖啡一日行——亚洲咖啡美食&咖啡及旅游书籍游园会等。通过新颖、扎实、有趣、有益的推广活动，为2024上海国际咖啡文化节增光添彩。

此外，"15＋咖啡新书单"正式发布。咖啡新书单的书大多选自2022年—2024年期间出版的图书，品种上涵盖了如何制作咖啡、如何品鉴咖啡、特色咖啡店等，全方面地展现了咖啡文化，彰显了咖啡主题图书出版的品质。

（《劳动报·劳动观察》2024年4月30日）

一杯咖啡一本书
"五一"去沪上文化地标享受慢生活

◎ 包永婷

5月1日，2024上海国际咖啡文化节开幕，将通过一系列丰富多彩的活动展现上海浓厚的咖啡文化氛围。上海咖啡历史文化展4月30日率先启幕，市民游客可在书香咖香中感受慢生活的美好。

在上海香港三联书店，由上海市书刊发行行业协会主办的上海咖啡历史文化展在此正式开展，拉开"2024上海国际咖啡文化节·在上海 品世界 读好书"系列活动序幕。

在本次展览上，读者可以看到一些特别的展品，比如1935年德胜咖啡行的咖啡原罐，静安咖啡行（皇家咖啡）的广告，沙利文咖啡及饼干厂产品包装的原件，DDS咖啡店的代币等，这些旧物是上海人咖啡口味养成初期的实证。

2024上海国际咖啡文化节期间，上海市书刊发行行业协会、上海联合书业会展有限公司联合全市80家品牌实体书店推出新书单、咖啡新品，办文化展和集章，擦亮"咖啡文化"这一上海城市名片。

覆盖全市的80家品牌实体书店参加"在上海 品世界 读好书"系列活动，推出11项主题活动，包括继续发布15＋咖啡新书单，并在参展书店联展；累计推出50款主题咖啡新品；引入8款云南保山咖啡通过20家参展书店供读者品鉴；开展"上海市图书销售行业咖啡制品品质鉴定标准大赛"活动等。

各参展书店充分发挥自身优势，积极参与咖啡文化节。比如新华传媒连锁推出打卡拍摄活动，建投书局推出展陈体验"潮·北外滩——回望百年留法勤工俭学运动与花神咖啡馆"，艺术书坊推出咖啡一日行——亚洲咖啡美食&咖啡及旅游书籍游园会等。这些新颖、有趣的推广活动，也让市民读者进一步了解咖啡文化。

据悉，上海实体书店常销的咖啡主题图书有300多个品种。调查显示，咖啡主题图书在上海图书市场销售中近年来处于稳中有升的态势。今年发布的15＋咖啡新书单大多选自2022年至2024年期间出版的图书，品种上涵盖了如何制作、品鉴咖啡，以及特色咖啡店等，全方面地展现了咖啡文化。

（东方网2024年4月30日）

在上海，书店以咖啡为支点撬动消费

◎ 金　鑫

　　"2024上海国际咖啡文化节·在上海　品世界　读好书"系列活动总结表彰大会近日举行，对荣获先进的20家单位、十佳海报单位、十佳微信推文单位、十佳咖啡制品单位、十佳义卖单位等予以表彰和奖励。在上海，书店以咖啡为支点撬动消费，书店＋咖啡的特质和吸引力正在不断升温。

　　今年已是上海市书刊发行行业协会第三次组织全市品牌实体书店参与上海国际咖啡文化节，旨在营造浓厚的咖啡书香文化氛围，使书店＋咖啡通过上海国际咖啡文化节而更加正规、更加引流、更加赋能，为擦亮上海"咖啡城市名片"作出贡献。

　　全市80家品牌实体书店参与了今年的活动，其间推出了11项主题活动，包括发布主海报1幅和参展书店50幅创意个性海报，制作并发布"一店一条"微信推文；发布咖啡新书单并在参展书店联展；汇集港台地区咖啡图书200多种，在上海香港三联书店展销等。

　　值得一提的是，上海市图书销售行业书店＋咖啡经营等级升级评审活动今年延续。巡访、评审过程中发现，上海书店＋咖啡的经营水平已有很大提升，尤其是新品更迭、咖啡与图书的融合经营、咖啡文化氛围越来越凸显特色。

如思南书局·诗歌店将诗歌概念注入咖啡饮品，颇具新意；朵云书院·广富林店的咖啡饮品"寻根"，将松江的文化底蕴与咖啡相融合……

此外，今年再度发布咖啡新书单，遴选2022年—2024年期间出版，涵盖如何制作咖啡、如何品鉴咖啡、特色咖啡店等内容的图书，展示咖啡主题图书出版精品的多样性。

据了解，通过前两届咖啡书单的推荐和在实体书店的展陈，咖啡主题图书已经成为上海一些实体书店重点培育的类别之一，予以陈列和推广。在上海实体书店常销的咖啡主题图书有300多个品种。业内人士透露，咖啡主题图书在上海图书市场销售中近年来呈现稳中有升的态势，被书店列入单独的类别加以推荐。

（《中国新闻出版广电报》网站2024年7月12日）

上海图书发行行业探索书店＋咖啡的黏合度
——在上海　品世界　读好书

◎ 穆宏志

　　7月3日，上海市书刊发行行业协会在上海举行"2024上海国际咖啡文化节·在上海　品世界　读好书"系列活动总结表彰大会。会上对荣获先进的20家单位、荣获十佳海报的单位、荣获十佳微信推文的单位，以及义卖自闭症儿童画作印制马克杯活动中的十佳义卖单位予以表扬奖励，向荣获"上海市图书销售行业书店＋咖啡经营等级"四星的10家单位、三星的22家单位授牌。

　　从4月30日至5月底，上海市委宣传部、上海市商务委等指导的2024上海国际咖啡文化节在全市举行。同期，由上海市书刊发行行业协会主办的"2024上海国际咖啡文化节·在上海　品世界　读好书"系列活动也火热开展。上海市书刊发行行业协会根据"以点带面、全面升级、增加品种、扩大品类、多元延伸"的目标，推出"1＋11＋N"项行动方案，由全市经营咖啡的80家品牌实体书店共同参与。

　　活动率先推出上海咖啡历史文化展，融合咖啡历史元素、本身相伴的故事与百种咖啡专业书籍，让读者在触摸历史中寻找上海成为全球咖啡馆数量最多的城市的理由与基因。系列活动推出了11项主题活动，包括发布主海报1幅和参展书店50幅创意个性海报，制作并发布"一店一条"微信推文，发布15＋咖啡新书单并在参展书店联展，集中港台地区在版咖啡图书200多种在上海香港三联书店展销，参展书店累计推出50款主题咖啡新品；支持国产咖啡，引进8款云南保山咖啡，通过20家参展书店供读者免费品鉴；鼓励自闭症儿童健康成长，与长三角咖啡协会联合上海市甘霖初级职业技术学校，以该校学生中自闭症儿童的绘画为蓝本，定制200只马克杯进行义卖；开展"上海市图书销售行业咖啡制品品质鉴定标准大赛"活动；在10家参展书店推出2024上海国际咖啡文化节限定纪念章集章等。

2022年8月，上海市书刊发行行业协会出台中国出版物发行业首个咖啡专业服务标准《上海市出版物发行行业咖啡服务标准》，2024年继续开启"上海市图书销售行业书店＋咖啡经营等级评审"活动，由11位咖啡行业专家、研究人员、咖啡从业人员、书店管理人员等组成评审组对所有参评书店进行巡访。上海书店＋咖啡的经营水平有很大的提升，尤其是新品更迭、咖啡与图书的融合经营、卫生环境都比2023年明显改善；一批新兴实体书店的咖啡文化氛围越来越凸显特色。

上海市书刊发行行业协会将以"咖啡＋"为支点，撬动消费热度，助力书店＋咖啡在营造公共文化空间的进程中继续前行。

（《中国出版传媒商报》2024年7月5日）

在上海，如何以"咖啡＋"为支点撬动书店消费热度

◎ 许　旸

　　思南书局·诗歌店咖啡饮品将诗歌概念注入咖啡饮品，颇具新意；朵云书院·广富林店咖啡饮品"寻根"，将松江文化底蕴与咖啡相融合……在上海，如何以"咖啡＋"为支点撬动书店消费热度与人气程度？

　　日前，"2024上海国际咖啡文化节·在上海　品世界　读好书"系列活动总结表彰大会于华东师范大学出版社举行。不难发现，多家参展书店充分发挥自身优势，积极参与咖啡文化节相关活动。如新华传媒连锁推出打卡拍摄，建投书局展陈体验"潮·北外滩——回望百年留法勤工俭学运动与花神咖啡馆"，艺术书坊咖啡一日行——亚洲咖啡美食&咖啡及旅游书籍游园会等，通过新颖有趣的推广活动，为2024上海国际咖啡文化节增光添彩。

　　4月30日开始至5月底，上海市委宣传部、市商务委等指导的2024上海国际咖啡文化节在全市举行。同期，由上海市书刊发行行业协会主办、由全市经营咖啡的80家品牌实体书店共同参与，

220

"2024上海国际咖啡文化节·在上海 品世界 读好书"系列活动启动。为鼓励表现卓著的参展书店和个人，上海市发行行业协会在总结表彰大会上对荣获先进的20家单位、荣获十佳海报的单位、荣获十佳微信推文的单位，以及义卖自闭症儿童画作印制马克杯活动中十佳义卖单位予以表彰并奖励；同时对荣获"上海市图书销售行业书店＋咖啡经营等级"四星的10家单位、荣获"上海市图书销售行业书店＋咖啡经营等级"三星的22家单位授牌。

上海市书刊发行行业协会在市委宣传部、市商务委等指导的2024上海国际咖啡文化节期间，根据"以点带面、全面升级、增加品种、扩大品类、多元延伸"目标，推出1＋11＋N项行动方案，由全市经营咖啡的80家品牌实体书店共同参与，以营造浓厚的咖啡书香文化氛围，为擦亮"咖啡城市名片"作出贡献，使书店＋咖啡通过上海国际咖啡文化节而更加规正、更加引流、更加赋能。

如今，上海书店＋咖啡的经营水平已有很大提升，尤其是新品更迭、咖啡与图书的融合经营、卫生环境都比2023年明显改善；一批新兴实体书店咖啡文化氛围越来越凸显特色，如混知书店、江南书局·书的庭院、邃雅书局、读者·壹琳文化空间等。尤其是混知书店，综合文化氛围好评颇多。邃雅书局推出优抚军人的公益做法，如饮品免费、图书半价等。复旦经世书局（近思咖啡）饮品菜单丰富、内容专业度高，且总体氛围亲和力强。新华文创·光的空间从咖啡师到相关设备、饮品菜单均与上海精品咖啡馆同频，非咖啡类饮品也极具特色。

很多书店都推出了应景饮品，如新华书店、朵云书院、读者·壹琳文化空间等。业内指出，书店经营咖啡也一样，要想增加读者黏合度，吸引回头客，需不断研发新品。多家书店表示，将继续开展同行业交流学习，提升研发新品能力，提升书店＋咖啡的特质和吸引力，力推产品不断丰富创新，以"咖啡＋"为支点撬动消费热度，使书店＋咖啡在营造公共文化空间中继续有所突破。

据悉，系列活动推出11项主题活动，包括发布主海报1幅和参展书店50幅创意个性海报，制作并发布"一店一条"微信推文；发布15＋咖啡新书单并在参展书店联展，集中港台地区在版咖啡图书200多种在上海香港三联书店展销；明年将引进欧美主流书店上架的在版咖啡图书进行重点推介，凸显上海国际咖啡文化节的国际元素；参展书店在咖啡文化节期间累计推出了50款主题咖啡新品，通过咖啡电影、意面咖啡、阅读＋咖啡等形式演绎咖啡＋的内涵和外延；支持国产咖啡，引进8款云南保山咖啡通过20家参展书店供读者免费品鉴；鼓励自闭症儿童健康成长，与长三角咖啡协会联合上海市甘霖初级职业技术学校，以该校学生中自闭症儿童的绘画为蓝本，定制200只马克杯进行义卖；开展"上海市图书销售行业咖啡制品品质鉴定标准大赛"活动；延续上海市图书销售行业书店＋咖啡经营等级升级评审；鼓励和支持参展书店参与市、区各级咖啡巡展，支持参与各区开展的"优选咖啡馆"活动。在10家参展书店推出2024上海国际咖啡文化节限定纪念章集章等。

活动期间，上海市书刊发行行业协会依据中国出版物发行业首个咖啡专业服务标准《上海市出版物发行行业咖啡服务标准》，继续开启"上海市图书销售行业书店＋咖啡经营等级评审"活动，由11位咖啡行业专家、研究人员、咖啡从业人员、书店管理人员等组成评审组对所有参评书店进行巡访。

（《文汇报》2024年7月6日）

在上海　品世界　读好书

◎ 吴泽宇

4月30日开始至5月底，全市经营咖啡的80家品牌实体书店共同参与"2024上海国际咖啡文化节·在上海　品世界　读好书"系列活动，探索书店＋咖啡的黏合度。今天（7月3日）活动的总结表彰大会在华东师范大学出版社举行，20家单位荣获先进称号。

总结表彰大会的另一亮点是，对荣获"上海市图书销售行业书店＋咖啡经营等级"四星的10家单位、荣获"上海市图书销售行业书店＋咖啡经营等级"三星的22家单位授牌。

2024上海国际咖啡文化节期间，根据"以点带面、全面升级、增加品种、扩大品类、多元延伸"目标，推出1＋11＋N项行动方案，由全市经营咖啡的80家品牌实体书店共同参与，以营造浓厚的咖啡书香文化氛围，为擦亮"咖啡城市名片"作出贡献，使书店＋咖啡通过上海国际咖啡文化节而更加规正、更加引流、更加赋能。

本次系列活动推出了11项主题活动，包括发布主海报1幅和参展书店50幅创意个性海报，制作并发布"一店一条"微信推文；发布15＋咖啡新书单并在参展书店联展；参展书店在咖啡文化节期间累计推出了50款主题咖啡新品，通过咖啡电影、阅读＋咖啡等形式演绎咖啡＋的内涵和外延；鼓励自闭症儿童健康成长，与长三角咖啡协会联合上海市甘霖初级职业技术学校，以该校学生中自闭症儿童的绘画为蓝本，定制200只马克杯进行义卖等。

活动期间，上海市书刊发行行业协会依据中国出版物发行行业首个咖啡专业服务标准《上海市出版物发行行业咖啡服务标准》，继续开启"上海市图书销售行业书店＋咖啡经营等级评审"活动，由11位咖啡行业专家、研究人员、咖啡从业人员、书店管理人员等组成评审组对所有参评书店进行了巡访。

在巡访、评审过程中发现，上海书店＋咖啡的经营水平已有很大的提升，尤其是新品更迭、咖啡与图书的融合经营、卫生环境都比2023年明显改善；一批新兴实体书店的咖啡文化氛围越来越凸显特色，如混知书店、江南书局·书的庭院、邃雅书局、读者·壹琳文化空间等。

今后，上海市书刊发行行业协会将继续开展同行业交流学习，提升书店＋咖啡的特质和吸引力，使产品不断丰富和创新，以咖啡＋为支点，撬动消费热度，使书店＋咖啡在营造公共文化空间的进程中继续前行。

（上海电台魔都话匣子2024年7月3日）

亮点精选

"上海市图书销售行业咖啡制品品质鉴定标准大赛"开启

　　2024上海国际咖啡文化节·在上海　品世界　读好书系列活动期间，上海市书刊发行行业协会联合长三角咖啡协会开展了"上海市图书销售行业咖啡制品品质鉴定标准大赛"。

　　主办单位：上海市书刊发行行业协会

　　协办单位：上海联合书业会展有限公司

　　参加单位：2024上海国际咖啡文化节·在上海　品世界　读好书系列活动涵盖80家参展书店的26家企业

　　5月7日至5月10日，各企业向协会寄送日常销售咖啡产品（包括咖啡豆、挂耳、冻干粉、速溶、浓缩液等）同款两包用于参评（所提供产品必须有包装且包装必须未拆）。共收到17家企业选送的17款咖啡制品。

　　5月22日，评审组五位评委对咖啡制品进行了评审，对咖啡豆、咖啡粉的瑕疵、口感、酸质、风味平衡感、余韵等五个感官角度进行了综合评价。经评审，下列10家单位荣获2024上海国际咖啡文化节·在上海　品世界　读好书系列活动十佳咖啡制品：上海大众书局文化有限公司、上海大隐书局有限公司、上海元真文化传媒有限公司、上海世纪朵云文化发展有限公司、上海酉丰文化传媒有限公司、上海复旦经世书局有限公司、上海博林文化股份有限公司、上海壹琳文化有限公司、上海新华传媒连锁有限公司、建投书店投资有限公司。

上海市图书销售行业开展第二次书店＋咖啡等级评审

作为2024上海国际咖啡文化节·在上海　品世界　读好书系列活动11项主题活动之一，上海市书刊发行行业协会继续开展上海市图书销售行业书店＋咖啡经营等级升级评审。

2024年5月6日，上海市书刊发行行业协会下发《关于开展"上海市图书销售行业书店＋咖啡经营等级评审"通知》，全市书店＋咖啡经营（一年以上）单位自荐，申报三星等级评审；2023年已获三星等级的咖啡店（馆）单位可自荐申报四星等级评审。全程评审无任何收费项目。

评审根据上海市书刊发行行业协会2022年8月发布的《上海市出版物发行行业咖啡服务标准》内容，完成自荐、审定、评审走访、评审打分。

5月8日至5月17日，书店自荐并经协会审定，确定进入等级评审的书店＋咖啡经营单位名单。2023年获评三星的20家书店，有8家继续申报三星，9家申报四星，2家书店停业，1家未参加申报。加上新申报评级的19家书店，共有36家书店进入2024年评审序列。申报数量的增加体现了上海实体书店积极参与的热情。

为了更好地完成2024年等级评审工作，上海市书刊发行行业协会召集由咖啡行业专家、研究人员、咖啡从业人员、书店管理人员等组成的12位评审成员，前后开了三次座谈会，商讨评审方案、细节等。

5月24日至6月11日，12位评审成员分成两组评审队伍，对所有参评书店进行了巡访和打分初评。

评审组成员围绕《上海市图书销售行业书店＋咖啡经营等级评审专家评分表》包含的5大类、25小类、69个细节打分。针对每家书店的咖啡经营环境、服务人员、服务、文化氛围以及管理等，进行了细致检查和问询。书店方对此项评审工作非常重视，认识到这是非常宝贵的提升经营水平、学习同行经验的机会，都积极主动请教和沟通。

6月6日至6月20日，评审组围绕初评分数进行复评。参评的36家书店所获得评分参差不齐，最高分98.3，最低分51.7（2023年，最高分95.5，最低分46.3）。出现7个总评分90分以上的书店，得分80分以上的书店有24家。总分排名第一的书店是邃雅书局。

经过评委终评，评出10家"上海市图书销售行业书店＋咖啡经营等级"四星单位和22家"上海市图书销售行业书店＋咖啡经营等级"三星单位，于6月底揭晓评审结果，7月初颁发证书、授予铭牌。

"2024上海国际咖啡文化节
在上海　品世界　读好书"系列活动光荣榜

上海市书刊发行行业协会、上海联合书业会展有限公司在市委宣传部、市商务委等指导的2024上海国际咖啡文化节期间，根据"以点带面、全面升级、增加品种、扩大品类、多元延伸"目标，推出1＋11＋N项行动方案，以营造浓厚的咖啡书香文化氛围，为擦亮"咖啡城市名片"作出贡献，使书店＋咖啡通过上海国际咖啡文化节而更加规正、更加引流、更加赋能。

作为年度市级重要展览展示活动，本次活动获得了圆满成功。为鼓励表现卓著的参展书店和个人，经参展书店申报、初评、总评，对下列单位以及海报、微信推文、咖啡制品、义卖马克杯、上海市图书销售行业书店＋咖啡经营等级等予以表扬和奖励。具体名单如下：

一、先进单位（20家）

上海大众书局文化有限公司（大众书局维璟店）

上海大隐书局有限公司（大隐书局·前滩店）

上海元真文化传媒有限公司（新华文创·光的空间）

上海世纪朵云文化发展有限公司（朵云书院·旗舰店）

上海世纪朵云文化发展有限公司（思南书局·诗歌店）

上海百新文化用品有限公司（百新书局长宁缤谷店）

上海传夏文化传播有限公司（大夏书店）

上海交大书店有限公司（交大书院）

上海图书有限公司（艺术书坊）

上海钟书实业有限公司（钟书阁·徐汇店）

上海香港三联书店有限公司（上海香港三联书店）

上海复旦经世书局有限公司（复旦经世书局）

上海悦悦图书有限公司（悦悦书店）

上海混知文化有限公司（混知书店）

上海惜福文化传播有限公司（西西弗书店上海中山公园龙之梦店）

上海惜福文化传播有限公司（西西弗书店上海闵行天街店）

上海壹琳文化有限公司（读者·壹琳文化空间）

上海新华传媒连锁有限公司（上海书城五角场店）

上海新华传媒连锁有限公司（新华书店日月光店）

建投书店投资有限公司（建投书局·上海浦江店）

二、海报（10家）

2024上海国际咖啡文化节·在上海　品世界　读好书系列活动海报征集共收到50幅作品，分五辑在"上海书展"微信公众号发布。经评审，下列10家单位荣获2024上海国际咖啡文化节·在上海　品世界　读好书系列活动十佳海报：

上海世纪朵云文化发展有限公司（朵云书院·旗舰店）

上海酉豊文化传媒有限公司（二酉书店）

上海图书有限公司（艺术书坊）

上海香港三联书店有限公司（上海香港三联书店）

上海悦悦图书有限公司（悦悦书店）

上海惜福文化传播有限公司（西西弗书店）

上海新华传媒连锁有限公司（上海书城五角场店）

中国图书进出口上海有限公司（现代书店）

立信会计出版社有限公司（立信书局）

上海市书刊发行行业协会

三、微信推文（10家）

2024上海国际咖啡文化节·在上海　品世界　读好书系列活动共收到26条微信推文，陆续在"上海书展"微信公众号发布。经评审，下列10家单位荣获2024上海国际咖啡文化节·在上海　品世界读好书系列活动十佳微信推文：

上海大隐书局有限公司（大隐书局）

上海元真文化传媒有限公司（新华文创·光的空间）

上海世纪朵云文化发展有限公司（朵云书院）

上海图书有限公司（艺术书坊）

上海钟书实业有限公司（钟书阁）

上海香港三联书店有限公司（上海香港三联书店）

上海混知文化有限公司（混知书店）

上海壹琳文化有限公司（读者·壹琳文化空间）

上海新华传媒连锁有限公司（上海书城长宁店）

建投书店投资有限公司（建投书局·上海浦江店）

四、咖啡制品（10家）

2024上海国际咖啡文化节·在上海　品世界　读好书系列活动期间，联合长三角咖啡协会开展"上海市图书销售行业咖啡制品品质鉴定标准大赛"，共收到17家企业选送的17款咖啡制品，5月22日专业评委从咖啡制品的瑕疵、口感、酸质、风味平衡感、余韵等角度进行综合评价，经评审，下列10家单位荣获2024上海国际咖啡文化节·在上海　品世界　读好书系列活动十佳咖啡制品：

上海大众书局文化有限公司

上海大隐书局有限公司

上海元真文化传媒有限公司

上海世纪朵云文化发展有限公司

上海酉豊文化传媒有限公司

上海复旦经世书局有限公司

上海博林文化股份有限公司

上海壹琳文化有限公司

上海新华传媒连锁有限公司

建投书店投资有限公司

五、义卖马克杯

2024上海国际咖啡文化节·在上海 品世界 读好书系列活动期间，联合长三角咖啡协会、上海市甘霖初级职业技术学校开展义卖自闭症儿童画作印制马克杯活动，将绘制的五幅作品定制200只马克杯在20家参展书店义卖，下列10家单位荣获2024上海国际咖啡文化节·在上海 品世界 读好书系列活动十佳义卖单位：

上海世纪朵云文化发展有限公司（思南书局）

上海新华传媒连锁有限公司（1927·鲁迅与内山纪念书局）

上海大隐书局有限公司（大隐书局·前滩店）

上海万屋文化传播有限责任公司（上海上生新所 茑屋书店）

上海元真文化传媒有限公司（新华文创·光的空间）

上海百新文化用品有限公司（百新书局长宁缤谷店）

上海传夏文化传播有限公司（大夏书店）

上海西豊文化传媒有限公司（二酉书店）

上海壹琳文化有限公司（读者·壹琳文化空间）

上海新华传媒连锁有限公司（上海书城五角场店）

六、上海市图书销售行业书店＋咖啡经营等级

2024上海国际咖啡文化节·在上海 品世界 读好书系列活动期间，开启第二届上海市图书销售行业书店＋咖啡经营等级评审，依据中国出版物发行业首个咖啡专业服务标准《上海市出版物发行

行业咖啡服务标准》，由12位咖啡行业专家、研究人员、咖啡从业人员、书店管理人员等组成的评审组对所有参评书店进行了巡访和打分初评、复评、终审，下列10家单位荣获"上海市图书销售行业书店＋咖啡经营等级"四星单位、22家单位荣获"上海市图书销售行业书店＋咖啡经营等级"三星单位并授予铭牌：

"上海市图书销售行业书店＋咖啡经营等级"四星单位：

大夏书店

大隐书局·刊茶社

大隐书局·前滩店

艺术书坊

朵云书院·旗舰店

思南书局·诗歌店

复旦经世书局

混知书店

新华文创·光的空间

新华书店徐汇日月光店

"上海市图书销售行业书店＋咖啡经营等级"三星单位：

大隐书局·九棵树艺术书店

大隐书局·创智天地店

大隐书局·美兰湖店

上海大众书局海梦一方店

上海大众书局维璟店

上海书城九六广场店

上海书城五角场店

上海书城长宁店

立信书局

百新书局长宁缤谷店

朵云书院·广富林店

朵云书院·戏剧店

朵云书院·枫泾店

交大书院

江南书局·书的庭院

南村映雪店

思南书局

钟书阁·泰晤士店

钟书阁·徐汇店

悦悦书店

读者·壹琳文化空间

邃雅书局

2024国际咖啡文化节获奖名单公布，上海市书刊发行行业协会获得优秀合作伙伴奖

6月1日晚，2024上海国际咖啡文化节颁奖活动暨虹口咖啡文化节"啡"凡之夜，在时尚地标白玉兰广场举行。现场颁出本届国际咖啡文化节各奖项。

上海市书刊发行行业协会推出的"在上海　品世界　读好书"系列活动，营造浓厚的咖啡书香文化氛围，为擦亮"咖啡城市名片"注入阅读的力量。

在颁奖活动现场揭晓了2024上海国际咖啡文化节突出贡献奖、最佳合作伙伴奖、咖啡行业领军人物奖、最佳推荐官奖、新质传播力奖、优秀组织奖等奖项。

活动综述

"2024上海国际咖啡文化节·
在上海　品世界　读好书"系列活动方案

2024年4月30日至5月底,由市委宣传部、市商务委等指导的2024上海国际咖啡文化节在全市举行。上海市书刊发行行业协会、上海联合书业会展有限公司将以"以点带面、全面升级、增加品种、扩大品类、多元延伸"为目标,推出1＋11＋N项行动方案,以营造浓厚的咖啡书香文化氛围,为擦亮"咖啡城市名片"作出贡献,使书店＋咖啡通过上海国际咖啡文化节而更加规正、更加引流、更加赋能。具体方案如下:

一、主办单位

上海市书刊发行行业协会

二、协办单位

上海联合书业会展有限公司

三、参加书店

全市80家品牌书店

四、活动日期

4月30日至5月底

五、活动主题

在上海　品世界　读好书

六、活动内容

4月20日确定80家品牌书店为本次活动的参与者。

1．4月25日开始推出参展书店"一店一款"海报、"一店一条"微信推文，海报为主海报＋参展书店自创个性海报，要求参展书店设计、发布个性化海报，并在店堂、微信等进行张贴、发布。活动微信推文要求结合自身特色活动制作、发布，自4月30日开始由"上海书展"公众号陆续发布。

2．4月25日发布第四届上海国际咖啡文化节15＋咖啡新书单，作为本次系列活动的重点推荐书目。以"15＋咖啡新书单"为基础，结合书店特色进行拓展，重点选择20家参展书店（艺术书坊、思南书店、二酉书店、现代书店静安嘉里中心店、钟书阁·徐汇店、新华书店徐汇日月光店、上海书城长宁店、上海上生新所　茑屋书店、百新书局长宁缤谷店、大夏书店、上海大众书局曲阳店、1927·鲁迅内山纪念书局、建投书局·上海浦江店、上海书城五角场店、悦悦书店、新华文创·光的空间、朵云书院·旗舰店、上海书城九六广场、大隐书局·前滩店、读者·壹琳文化空间）全品种展示15＋咖啡书单。

3. 4月30日在上海香港三联书店举办"在上海　品世界　读好书——上海咖啡文化历史展"，作为行业参与咖啡文化节的开幕式，邀请相关领导、媒体、参展书店代表参加。

4. 其间，参展单位累计推出50款主题咖啡新品。通过咖啡电影、意面咖啡、文化咖啡等形式演绎咖啡＋的内涵和外延。

5. 支持国产咖啡，继续和云南保山咖啡企业合作，选购云南保山8家企业的品牌咖啡1000杯，通过20家参展书店（书店名称详见六、活动内容第2点）赠送读者。读者当日单次消费满80元（不含咖啡）赠送一杯。具体赠送时间待定。

6. 鼓励自闭症儿童健康成长，与长三角咖啡协会联合上海市甘霖初级职业技术学校，以该校学生中自闭症儿童的绘画为蓝本，定制200只马克杯在20家参展书店（书店名称详见六、活动内容第2点）义卖。

7. 由上海香港三联书店等参与在新天地、环球港等商圈进行的上海国际咖啡文化节快闪活动中的咖啡书店项目。

8. 开展"上海书店咖啡豆品质鉴定标准大赛"活动。

9. 根据2022年8月发布的《上海市出版物发行行业咖啡服务标

准》，继续开展由书店自荐、专业评审的书店＋咖啡经营等级升级评审工作。

10. 鼓励和支持参展书店参与上海国际咖啡文化节在徐汇滨江的"文体旅商展"。

11. 10家参展书店推出2024上海国际咖啡文化节限定纪念章集章活动（艺术书坊、现代书店静安嘉里中心店、钟书阁·徐汇店、上海书城长宁店、大夏书店、上海大众书局曲阳店、上海书城五角场店、新华文创·光的空间、朵云书院·旗舰店、上海书城九六广场）。

12. 新华传媒连锁推出打卡拍摄活动。在10家门店（新华书店徐汇日月光店、新华书店周浦万达店、南村映雪店、新华书店高科西路店、1927·鲁迅与内山纪念书局、上海书城长宁店、上海书城五角场店、上海书城九六广场店、江南书局·书的庭院、江南书局·青溪之源）推出打卡点位，读者打卡拍摄其中3家门店及以上并发朋友圈，可在指定地点领取小礼品一份。

13. 建投书局推出展陈体验"潮·北外滩——回望百年留法勤工俭学运动与花神咖啡馆"。以法国著名的花神咖啡馆为背景，展示勤工俭学学生与当地文化的碰撞与融合，以及他们在法国的艰辛历程和不懈努力。通过仿制花神咖啡馆的露天咖啡桌、咖啡台等，让观众身临其境，感受法国咖啡文化的浓郁氛围。珍贵的历史照片和书籍将展示勤工俭学学生在法国的生活场景，了解他们的生活状态和学习情况。这些历史见证了中国留学生在北外滩启航远渡重洋的岁月，以及他们与法国文化的交流与融合，感受他们的文化情怀和革命追求。

14. 艺术书坊推出咖啡一日行——亚洲咖啡美食&咖啡及旅游书籍游园会，内容包括：咖啡与旅行书籍介绍讲座、咖啡与生活书籍介绍、咖啡制作课程、越南咖啡游园会、港式咖啡游园会、澳门咖啡游园会、新加坡咖啡游园会、云南咖啡游园会等。

七、评选办法

对本次系列活动的开展情况，组织专家进行检查、评选并予以表彰。

2024年4月23日

"2024上海国际咖啡文化节·
在上海 品世界 读好书"系列活动总结

　　上海市书刊发行行业协会在市委宣传部、市商务委等指导的2024上海国际咖啡文化节期间，根据"以点带面、全面升级、增加品种、扩大品类、多元延伸"目标，推出1＋11＋N项行动方案，由全市经营咖啡的80家品牌实体书店共同参与，以营造浓厚的咖啡书香文化氛围，为擦亮"咖啡城市名片"作出贡献，使书店＋咖啡通过上海国际咖啡文化节而更加规正、更加引流、更加赋能。

　　4月30日，上海咖啡历史文化展作为协会参与2024上海国际咖啡文化节的一个品牌项目，融合咖啡历史元素、本身相伴的故事与百种咖啡专业书籍，使读者在触摸历史中寻找上海成为全球咖啡馆数量最多的城市的理由与基因。

　　本次系列活动推出了11项主题活动，包括发布主海报1幅和参展书店50幅创意个性海报，制作并发布"一店一条"微信推文；发布15＋咖啡新书单并在参展书店联展，集中港台地区在版咖啡图书200多种在上海香港三联书店展销（明年将引进欧美主流书店上架的在版咖啡图书进行重点推介，凸显上海国际咖啡文化节的国际元素）；参展书店在咖啡文化节期间累计推出了50款主题咖啡新品，通过咖啡电影、意面咖啡、阅读＋咖啡等形式演绎咖啡＋的内涵和外延；支持国产咖啡，引进8款云南保山咖啡通过20家参展书店供读者免费品鉴；鼓励自闭症儿童健康成长，与长三角咖啡协会联合上海市甘霖初级职业技术学校，以该校学生中自闭症儿童的绘画为蓝本，定制200只马克杯进行义卖；开展"上海市图书销售行业咖啡制品品质鉴定标准大赛"活动；延续上海市图书销售行业书店＋咖啡经营等级评审；鼓励和支持参展书店参与市、区各级咖啡巡展，支持参与各区开展的"优选咖啡馆"活动。在10家参展书店推出2024上海国际咖啡文化节限定纪念章集章等。

参展书店充分发挥自身优势，积极参与咖啡文化节的相关活动。如新华传媒连锁推出了打卡拍摄活动，建投书局推出了展陈体验"潮·北外滩——回望百年留法勤工俭学运动与花神咖啡馆"，艺术书坊推出了咖啡一日行——亚洲咖啡美食&咖啡及旅游书籍游园会等。通过新颖、扎实、有趣、有益的推广活动，为2024上海国际咖啡文化节增光添彩。

活动期间，上海市书刊发行行业协会依据中国出版物发行行业首个咖啡专业服务标准《上海市出版物发行行业咖啡服务标准》，继续开启"上海市图书销售行业书店＋咖啡经营等级评审"活动，由11位咖啡行业专家、研究人员、咖啡从业人员、书店管理人员等组成评审组对所有参评书店进行了巡访。

在巡访、评审过程中发现，上海书店＋咖啡的经营水平已有很大的提升，尤其是新品更迭、咖啡与图书的融合经营、卫生环境都比2023年明显改善；一批新兴实体书店的咖啡文化氛围越来越凸显特色，如混知书店、江南书局·书的庭院、邃雅书局、读者·壹琳文化空间等。尤其是混知书店，综合文化氛围给读者的感受度非常好，文化阅读氛围更是领先其他书店。邃雅书局有关优抚军人的公益做法（饮品免费、图书半价）也值得肯定。复旦经世书局（近思咖啡）的饮品菜单丰富、内容专业度高，且总体氛围亲和力强。新华文创·光的空间，无论从咖啡师到相关设备还是饮品菜单均与上海的精品咖啡馆同频，非咖啡类饮品也极具特色。

很多书店都推出了应景的咖啡饮品，如新华书店、朵云书院、读者·壹琳文化空间等。思南书局·诗歌店的咖啡饮品将诗歌概念注入咖啡饮品，颇具新意；朵云书院·广富林店的咖啡饮品"寻根"，将松江的文化底蕴与咖啡相融合……

凡是能长久生存的咖啡馆，都是依靠经典产品＋不断推新品。书店经营咖啡也一样，要想增加读者黏性，吸引回头客，需要不断研发新品。在"2024上海国际咖啡文化节·在上海　品世界　读好书"系列活动中，参展的品牌实体书店推出的主题咖啡新品体现了各自书店的创新能力。

本次"2024上海国际咖啡文化节·在上海　品世界　读好书"系列活动，得到了《人民日报》、中国新闻网、《光明日报》、《解放日报》、《文汇报》、《新民晚报》、上海电台、澎湃新闻、东方网、《中国新闻出版广电报》、《中国出版传媒商报》等媒体的密集发布。"上海书展"微信公众号每天发布相关信息，同时发布参展书店提供的微信推文。

作为年度市级重要展览展示活动，本次活动获得了圆满成功。为鼓励表现卓著的参展书店和个人，7月3日举行了"2024上海国际咖啡文化节·在上海 品世界 读好书"系列活动总结表彰大会，对荣获先进的20家单位、十佳海报的单位、十佳微信推文的单位、十佳咖啡制品的单位、十佳义卖单位等予以了表彰和奖励。

上海市书刊发行行业协会在实施"2024上海国际咖啡文化节·在上海 品世界 读好书"系列活动中得到了市委宣传部、市民政局和同行协会的大力支持和鼓励。作为年度一项重点工作，取得了一定的成效，也提升了书店咖啡从业人员的技能。

今后，将继续开展同行业交流学习，提升研发新品能力，提升书店＋咖啡的特质和吸引力，使产品不断被丰富和创新，给读者以惊喜和愉悦，给读者回头消费的理由，已成为业内的共识。将以咖啡＋为支点，撬动消费热度，使书店＋咖啡在营造公共文化空间的进程中继续前行。

举行业之力，
参与"一杯咖啡的温暖"公益主题活动

9月2日至9月8日"上海慈善周"期间，上海市民政局在全市范围开展"一杯咖啡的温暖"公益主题活动，

活动通过咖啡门店联动、线上捐款传播、线下爱心市集、咖啡地图Citywalk打卡等活动，以企业捐款、公众参与、爱心资助的方式，共同传播慈善文化，弘扬慈善理念。

活动期间每卖出1杯咖啡即可捐赠1元钱，支持流动儿童和孤独症儿童关爱公益项目。

上海市书刊发行行业协会暨全市经营咖啡的50家品牌实体书店积极参与，通过高品质的咖啡、舒适的环境和优质的服务体现"一杯咖啡的温暖"。

据统计，参与活动的书店共计义卖咖啡12178杯，其中销售突出的是朵云书院·旗舰店、上海上生新所 茑屋书店、钟书阁·徐汇店、混知书店、大夏书店等。

12月13日，2024"上海慈善周"组委会办公室召开"一杯咖啡的温暖"总结会，上海市书刊发行行业协会获得合作伙伴奖。

后 记

◎ 汪耀华

上海咖啡文化周已经举办四届了，第四届更是从上海咖啡文化周更名为上海国际咖啡文化节。上海人的骄傲是上海城市的咖啡店数量位于全球城市之最。

上海市书刊发行行业协会响应这项由市委宣传部主持的咖啡节活动，契合书店＋咖啡的经营模式，彼此造势，使书店经营咖啡既融入社会大势也充分培育、展示自身的"肌力"。

处于主持协会日常事务的秘书长岗位，我与同事一起在这四年中为书店＋咖啡造势，似乎已经不遗余力。近两年的业绩，也在本书中获得了充分的体现。

感谢李爽会长的掌舵，感谢市委宣传部刘海英、吉海东、吕津、徐漾等领导，上海市文化创意产业促进会秘书长陶寅琰等的鼓励和支持，更要感谢协会的会员单位中那些经营咖啡的书店，无论是经理、店长还是咖啡手工人，对于协会的工作尤其对咖啡文化节的配合，感谢长三角咖啡协会丁山会长，德庭（上海）文化发展有限公司总裁邵毓挺等的加持，在众人的协力下，书店＋咖啡的品质获得了提升、服务获得了规正、销售获得了多元增长，已成为全国书店经营咖啡的表率。

当然，我们还需进取，努力弘扬一杯咖啡的温暖，推进书香咖香的融合，使书香上海在文商旅的融合作用中更加丰富、多彩。

2024年12月16日

图书在版编目（CIP）数据

在上海，品咖啡读好书 / 汪耀华主编. -- 上海：
上海三联书店，2025.5. --ISBN 978-7-5426-8896- 5

I. G239. 23；F726. 93

中国国家版本馆 CIP 数据核字第 2025R1P881 号

在上海，品咖啡读好书

主　　编 / 汪耀华

责任编辑 / 殷亚平
装帧设计 / 王　蓓
监　　制 / 姚　军
责任校对 / 王凌霄

出版发行 / 上海三联书店
　　　　　（200041）中国上海市静安区威海路 755 号 30 楼
邮　　箱 / sdxsanlian@sina.com
联系电话 / 编辑部：021-22895517
　　　　　发行部：021-22895559
印　　刷 / 上海雅昌艺术印刷有限公司

版　　次 / 2025 年 5 月第 1 版
印　　次 / 2025 年 5 月第 1 次印刷
开　　本 / 787mm×1092mm　1/32
字　　数 / 170 千字
印　　张 / 8.375
书　　号 / ISBN 978 -7-5426-8896-5 / G・1763
定　　价 / 98.00 元

敬启读者，如发现本书有印装质量问题，请与印刷厂联系 021-68798999